Bucătăria Spaniolă Autentică
Rețete și Povești din Inima Spaniei

Carmen Hernandez

CONȚINUT

LENCE LA LIONESA 25
    INGREDIENTE 25
    ÎN PROCES 25
    TRUC 25

LINTE CURY CU MERE 27
    INGREDIENTE 27
    ÎN PROCES 27
    TRUC 28

POCHAS NAVARRA 29
    INGREDIENTE 29
    ÎN PROCES 29
    TRUC 30

VESTUL 31
    INGREDIENTE 31
    ÎN PROCES 31
    TRUC 32

BABMUSAKA CU ciuperci 33
    INGREDIENTE 33
    ÎN PROCES 33
    TRUC 34

EVE CARTOF 35
    INGREDIENTE 35

- ÎN PROCES 35
- TRUC 36

POCHAD CU RATE PROFESIONALE 37
- INGREDIENTE 37
- ÎN PROCES 37
- TRUC 38

SUPA DE HOMUS 40
- INGREDIENTE 40
- ÎN PROCES 40
- TRUC 41

LEGUME ÎN AUTOCOLANTE 42
- INGREDIENTE 42
- ÎN PROCES 42
- TRUC 43

MANDEN DE CASĂ LICENȚAT 44
- INGREDIENTE 44
- ÎN PROCES 44
- TRUC 44

ȘOSETE ȘI TORTA SOMON 45
- INGREDIENTE 45
- ÎN PROCES 45
- TRUC 46

anghinare cu ciuperci si parmezan 47
- INGREDIENTE 47
- ÎN PROCES 47
- TRUC 48

Vinete marinate 49
    INGREDIENTE 49
    ÎN PROCES 49
    TRUC 50

FASOLE COAPTE CU SUNCA SERRANO 51
    INGREDIENTE 51
    ÎN PROCES 51
    TRUC 51

TRINXAT 52
    INGREDIENTE 52
    ÎN PROCES 52
    TRUC 52

BROCCOLI GRATINAT CU SLANCA SI AURORA 53
    INGREDIENTE 53
    ÎN PROCES 53
    TRUC 53

BOGOGAN CU CRAB SI COCHII IN DANTELA VERDE 54
    INGREDIENTE 54
    ÎN PROCES 54
    TRUC 55

CEAPĂ CARAMELIZATĂ 56
    INGREDIENTE 56
    ÎN PROCES 56
    TRUC 56

ciuperci umplute cu șuncă serrano și pesto 57
    INGREDIENTE 57

ÎN PROCES 57
TRUC 57
CAULIRO CU AJOARRIERO 58
    INGREDIENTE 58
    ÎN PROCES 58
    TRUC 58
conopidă prăjită 59
    INGREDIENTE 59
    ÎN PROCES 59
    TRUC 59
DUXELLE 60
    INGREDIENTE 60
    ÎN PROCES 60
    TRUC 60
CU LACACH SI CABRAL Afumat 61
    INGREDIENTE 61
    ÎN PROCES 61
    TRUC 61
LOMBARDA SEGÓV 62
    INGREDIENTE 62
    ÎN PROCES 62
    TRUC 62
SALATA DE ARDEI PRAJIT 64
    INGREDIENTE 64
    ÎN PROCES 64
    TRUC 65

MAZARE FRANCEZĂ 66
    INGREDIENTE 66
    ÎN PROCES 66
    TRUC 66

SPANAC RECONSTRUIT 67
    INGREDIENTE 67
    ÎN PROCES 67
    TRUC 68

BEBABAS CU BUTIFAR ALB 69
    INGREDIENTE 69
    ÎN PROCES 69
    TRUC 69

FASOLE VERDE CU SUNCA 70
    INGREDIENTE 70
    ÎN PROCES 70
    TRUC 70

tocană de miel 72
    INGREDIENTE 72
    ÎN PROCES 72
    TRUC 73

Vinete dulci cu branza de capra, miere si curry 74
    INGREDIENTE 74
    ÎN PROCES 74
    TRUC 74

PRACTICĂ SPARANGAL ALB ȘI SOMON Afumat 76
    INGREDIENTE 76

- ÎN PROCES 76
- TRUC 76

ARDEI AIPI PIQUILLO UMPLUT CU MORCILĂ CU SOS DULCE DE SPUMA 77
- INGREDIENTE 77
- ÎN PROCES 77
- TRUC 77

ciulin de migdale 78
- INGREDIENTE 78
- ÎN PROCES 78
- TRUC 79

PAUZĂ 80
- INGREDIENTE 80
- ÎN PROCES 80
- TRUC 80

Praz cu oțet vegetal 82
- INGREDIENTE 82
- ÎN PROCES 82
- TRUC 82

BUCĂTĂRIE PRAZĂ, SUNINĂ ȘI PRESATĂ 83
- INGREDIENTE 83
- ÎN PROCES 83
- TRUC 84

IN LA PROVENZALE 85
- INGREDIENTE 85
- ÎN PROCES 85

TRUC	85
Ceapa Umpluta	86
INGREDIENTE	86
ÎN PROCES	86
TRUC	86
CIUPERCI CU CREMA DE NUCI	88
INGREDIENTE	88
ÎN PROCES	88
TRUC	88
TORTA ROSII-BUSUOCUC	89
INGREDIENTE	89
ÎN PROCES	89
TRUC	89
PUI CURR Tocană de cartofi	90
INGREDIENTE	90
ÎN PROCES	90
TRUC	91
OU DULCE	92
INGREDIENTE	92
ÎN PROCES	92
TRUC	92
Cartofii sunt IMPORTANTI	93
INGREDIENTE	93
ÎN PROCES	93
TRUC	93
OU MOLLETO	95

- INGREDIENTE 95
- ÎN PROCES 95
- TRUC 96

CARTOFI SI ALBI 97
- INGREDIENTE 97
- ÎN PROCES 97
- TRUC 98

UTILIZAREA HAINELOR DE OMLETĂ (HAINE VECHIE) 99
- INGREDIENTE 99
- ÎN PROCES 99
- TRUC 100

CARTOFI UMPLUȚI AUMĂȚI UMLUȚI CU ZALC, SUNINĂ ȘI DIZANI 100
- INGREDIENTE 100
- ÎN PROCES 100
- TRUC 101

CROCHET DE CARTOFI ȘI BRÂNZĂ 101
- INGREDIENTE 101
- ÎN PROCES 101
- TRUC 102

PRAJIT BUN PRAJIT 103
- INGREDIENTE 103
- ÎN PROCES 103
- TRUC 103

OU FLORENTINA 104
- INGREDIENTE 104

ÎN PROCES 104

TRUC 104

CARTOFI PRĂJIT CU PEȘTE MOUNI ȘI CRAB 105

INGREDIENTE 105

ÎN PROCES 105

TRUC 106

OU IN STIL FLAMENCO 107

INGREDIENTE 107

ÎN PROCES 107

TRUC 107

TORTILLA PAISANA 108

INGREDIENTE 108

ÎN PROCES 108

TRUC 109

Ouă omletă cu cârnați și muștar 110

INGREDIENTE 110

ÎN PROCES 110

TRUC 110

PLANTE DE CARTOF ÎN MARTIE 111

INGREDIENTE 111

ÎN PROCES 111

TRUC 112

BAZĂ DE Zdrobire 113

INGREDIENTE 113

ÎN PROCES 113

TRUC 113

FREKS 115
    INGREDIENTE 115
    ÎN PROCES 115
    TRUC 115
Ciuperci prajite 116
    INGREDIENTE 116
    ÎN PROCES 116
    TRUC 116
OU TALDI cu hamsii si masline 117
    INGREDIENTE 117
    ÎN PROCES 117
    TRUC 118
CARTOFII CU SLANCA CREMANTA SI PARMEZAN 118
    INGREDIENTE 118
    ÎN PROCES 118
    TRUC 119
OUA FIERTE TARI 119
    INGREDIENTE 119
    ÎN PROCES 119
    TRUC 119
CARTOFI RIDATI 120
    INGREDIENTE 120
    ÎN PROCES 120
    TRUC 120
PUDRĂ DE OUĂ CU ciuperci, crab și vânat păsări 121
    INGREDIENTE 121

- ÎN PROCES 121
- TRUC 122

PRAJIT CU CHORIZO SI SOS VERDE 123
- INGREDIENTE 123
- ÎN PROCES 123
- TRUC 123

SĂRACI CARTOFII 123
- INGREDIENTE 124
- ÎN PROCES 124
- TRUC 124

MARELE DUCE A FURAT OUĂLE 124
- INGREDIENTE 125
- ÎN PROCES 125
- TRUC 125

CARTOFI cu coaste 126
- INGREDIENTE 126
- ÎN PROCES 126
- TRUC 127

Depune un ou 127
- INGREDIENTE 127
- ÎN PROCES 127
- TRUC 128

CARTOFI CU NUCI 129
- INGREDIENTE 129
- ÎN PROCES 129
- TRUC 129

OU MOALE 130
    INGREDIENTE 130
    ÎN PROCES 130
    TRUC 130

CARTOFI RIOJANA 131
    INGREDIENTE 131
    ÎN PROCES 131
    TRUC 131

SUB CARTOF 133
    INGREDIENTE 133
    ÎN PROCES 133
    TRUC 134

CRAB PRAJIT CU USSturoi 135
    INGREDIENTE 135
    ÎN PROCES 135
    TRUC 135

CARTOFI AURIT CU FĂGARI 136
    INGREDIENTE 136
    ÎN PROCES 136
    TRUC 136

PUREE DE CARTOF 137
    INGREDIENTE 137
    ÎN PROCES 137
    TRUC 137

ORTILA CU MORCILĂ DE OVĂZ 138
    INGREDIENTE 138

ÎN PROCES 138

TRUC 138

L-a copt 139

INGREDIENTE 139

ÎN PROCES 139

TRUC 139

CARTOFI LA ABUR CU NUZKALA 140

INGREDIENTE 140

ÎN PROCES 140

TRUC 140

OMLETTE DE PORC 141

INGREDIENTE 141

ÎN PROCES 141

TRUC 141

OU PARȚIAL 142

INGREDIENTE 142

ÎN PROCES 142

TRUC 142

OMILETA DE VARA CU BILLAMAS SI ROSII 143

INGREDIENTE 143

ÎN PROCES 143

TRUC 143

AJOARRIERO COD 144

INGREDIENTE 144

ÎN PROCES 144

TRUC 144

CACA DE SHERRY LA ABUR 145
    INGREDIENTE 145
    ÎN PROCES 145
    TRUC 145

ALL I PEBRE MONDFISH CU CRAB 146
    INGREDIENTE 146
    ÎN PROCES 147
    TRUC 147

PROIECTARE GRILĂ 148
    INGREDIENTE 148
    ÎN PROCES 148
    TRUC 148

Scoici marine 149
    INGREDIENTE 149
    ÎN PROCES 149
    TRUC 150

CAPITAL cu PIB 151
    INGREDIENTE 151
    ÎN PROCES 151
    TRUC 151

FÂNTÂNA TRANSFORMATA DIN BERE 153
    INGREDIENTE 153
    ÎN PROCES 153
    TRUC 153

CERNEALĂ ÎN CERNEALĂ 154
    INGREDIENTE 154

ÎN PROCES	154
TRUC	154
COD CLUB RANERO	156
INGREDIENTE	156
ÎN PROCES	156
TRUC	157
TALPA CU PORTOCALA	158
INGREDIENTE	158
ÎN PROCES	158
TRUC	158
MERLULU RIOJANA	160
INGREDIENTE	160
ÎN PROCES	160
TRUC	161
Tocană de castraveți cu sos de căpșuni	162
INGREDIENTE	162
ÎN PROCES	162
TRUC	162
păstrăv de mare	163
INGREDIENTE	163
ÎN PROCES	163
TRUC	164
Cusut in stil BILBAINE	165
INGREDIENTE	165
ÎN PROCES	165
TRUC	165

SCAMPI 166
    INGREDIENTE 166
    ÎN PROCES 166
    TRUC 166

CONDENSATOR 167
    INGREDIENTE 167
    ÎN PROCES 167
    TRUC 167

DURADO COD 169
    INGREDIENTE 169
    ÎN PROCES 169
    TRUC 169

CANCER BASC 170
    INGREDIENTE 170
    ÎN PROCES 170
    TRUC 171

Oțet 172
    INGREDIENTE 172
    ÎN PROCES 172
    TRUC 172

SEMNUL ACULUI 173
    INGREDIENTE 173
    ÎN PROCES 173
    TRUC 173

PULBER ÎN ADOBO (BIENMESABE) 174
    INGREDIENTE 174

  ÎN PROCES 174
  TRUC 175
CITRICE ȘI TON SIGILATE 176
  INGREDIENTE 176
  ÎN PROCES 176
  TRUC 177
RÂU DE PLOAIE DE CRAB 178
  INGREDIENTE 178
  ÎN PROCES 178
  TRUC 178
TON CU BUSUOCOC 179
  INGREDIENTE 179
  ÎN PROCES 179
  TRUC 179
ZI LA MENIER 180
  INGREDIENTE 180
  ÎN PROCES 180
  TRUC 180
SOMON MARO CU CAVA 181
  INGREDIENTE 181
  ÎN PROCES 181
  TRUC 181
PIQUILTOS DE BIS DE MARE IN STIL BILBAÍN 182
  INGREDIENTE 182
  ÎN PROCES 182
  TRUC 182

KARBALTOK ÎN VINIGRETĂ 183
    INGREDIENTE 183
    ÎN PROCES 183
    TRUC 183

MARMITACO 184
    INGREDIENTE 184
    ÎN PROCES 184
    TRUC 184

BALE DE SARE 186
    INGREDIENTE 186
    ÎN PROCES 186
    TRUC 186

CONFORT Aburit 187
    INGREDIENTE 187
    ÎN PROCES 187
    TRUC 187

RĂU ÎN GALICIA 188
    INGREDIENTE 188
    ÎN PROCES 188
    TRUC 189

PRIMI UN MINGE DE BASCHET 190
    INGREDIENTE 190
    ÎN PROCES 190
    TRUC 191

CUITITE CU USTUROI SI LAMAIE 192
    INGREDIENTE 192

- ÎN PROCES 192
- TRUC 192

PRIN BUDINDĂ 193
- INGREDIENTE 193
- ÎN PROCES 193
- TRUC 194

MONDFISH CU CREMA MOASA DE USSturoi 195
- INGREDIENTE 195
- ÎN PROCES 195
- TRUC 196

MERLULU ÎN CIDRU CU COMPOT DE MENTA 197
- INGREDIENTE 197
- ÎN PROCES 197
- TRUC 198

Somon marinat 199
- INGREDIENTE 199
- ÎN PROCES 199
- TRUC 199

BRÂNZĂ DE PISTANO 200
- INGREDIENTE 200
- ÎN PROCES 200
- TRUC 200

TATAKI DE TON Aburit cu Soia 202
- INGREDIENTE 202
- ÎN PROCES 202
- TRUC 202

IATĂ TORTUL	204
INGREDIENTE	204
ÎN PROCES	204
TRUC	204
ARDEI Umplut PE BUCĂ	205
INGREDIENTE	205
ÎN PROCES	205
TRUC	206
PISTE	207
INGREDIENTE	207
ÎN PROCES	207
TRUC	207
SOLDAȚI DIN PAVIA	208
INGREDIENTE	208
ÎN PROCES	208
TRUC	209
RACHEL	210
INGREDIENTE	210
ÎN PROCES	210
TRUC	210
PĂSTRĂVUL NAVARA	211
INGREDIENTE	211
ÎN PROCES	211
TRUC	211
SOMON CU AVOCAD ÎN GALEȚĂ	212
INGREDIENTE	212

ÎN PROCES 212
TRUC 212
GALICIA Scoici 214
INGREDIENTE 214
ÎN PROCES 214
TRUC 214

LENCE LA LIONESA

INGREDIENTE

500 g de linte

700 g ceapă

200 g de unt

1 crenguță de pătrunjel

1 crenguță de cimbru

1 frunză de dafin

1 ceapă mică

1 morcov

6 cuișoare

sare

ÎN PROCES

Prăjiți ceapa tăiată fâșii julienne în unt la foc mic. Acoperiți și coaceți până se rumenesc ușor.

Se adaugă lintea, cuișoarele înfipte în ceapă mică întreagă, morcovii tăiați și ierburile aromatice. Acoperiți cu apă rece.

Se curăță de coajă și se fierbe la foc mic până când leguminoasele sunt moi. Asezonați cu sare.

TRUC

Pentru a nu se lipi, este important să le gătiți la foc mare și apoi la foc mediu.

LINTE CURY CU MERE

INGREDIENTE

300 g de linte

8 linguri de smântână

1 lingura curry

1 măr auriu

1 crenguță de cimbru

1 crenguță de pătrunjel

1 frunză de dafin

2 cepe

1 catel de usturoi

3 cuișoare

4 linguri de ulei

Sare piper

ÎN PROCES

Fierbeți lintea în apă rece timp de 1 oră cu 1 ceapă, usturoi, dafin, cimbru, pătrunjel, cuișoare, sare și piper.

Prăjiți a doua ceapă împreună cu mărul în ulei separat. Adăugați curry și amestecați.

Adăugați lintea la merele conservate și gătiți încă 5 minute. Adăugați smântâna și amestecați ușor.

TRUC

Dacă ți-a rămas linte, poți să faci o cremă din ele și să adaugi creveții aburiți.

POCHAS NAVARRA

INGREDIENTE

400 g fasole

1 lingura boia

5 catei de usturoi

1 ardei verde italian

1 ardei rosu

1 praz curatat

1 morcov

1 ceapă

1 roșie mare

Ulei de masline

sare

ÎN PROCES

Curățați bine fasolea. Se toarnă apa într-o tigaie cu ardei, ceapă, praz, roșii și morcovi. Gatiti aproximativ 35 de minute.

Scurgeți și tocați legumele. Apoi întoarce-le la tocană.

Tăiați usturoiul în bucăți mici și prăjiți în puțin ulei. Se ia de pe foc si se adauga boia de ardei. Rehome 5 este integrat în fasolea albă. Asezonați cu sare.

TRUC

Deoarece acestea sunt legume proaspete, timpul de gătire este mult mai scurt.

VESTUL

INGREDIENTE

500 g de linte

1 lingura boia

1 morcov mare

1 ceapă medie

1 ardei mare

2 catei de usturoi

1 cartof mare

1 bucată de șuncă

1 cârnați

1 budincă neagră

Slănină

1 frunză de dafin

sare

ÎN PROCES

Legumele tocate mărunt se gătesc la abur până se înmoaie ușor. Adăugați boia și turnați 1,5 litri de apă (poate fi bulion de legume sau chiar bulion). Se adauga lintea, carnea, capatul sunca si foaia de dafin.

Scoateți și lăsați chorizo și budinca neagră deoparte când sunt moale, pentru a nu se rupe. Continuați să gătiți lintea până când este gata.

Adăugați cartofii tăiați cubulețe și gătiți încă 5 minute. Adăugați un praf de sare.

TRUC

Pentru un alt gust, adăugați 1 baton de scorțișoară la linte în timp ce gătiți.

BABMUSAKA CU ciuperci

INGREDIENTE

250 g fasole roșie fiartă

500 g sos de rosii de casa

200 g de ciuperci

100 g branza rasa

½ pahar de vin roşu

2 vinete

2 catei de usturoi

1 ceapă mare

½ ardei verde

½ ardei gras galben

¼ ardei rosu

1 frunză de dafin

Lapte

Oregano

Ulei de masline

Sare piper

ÎN PROCES

Tăiați vinetele felii și turnați-o în laptele cu sare, astfel încât să-și piardă amărăciunea.

Ceapa, usturoiul și boia de ardei se toacă separat și se prăjesc într-o tigaie. Adăugați ciupercile și prăjiți în continuare. Se adauga vinul si se raceste la foc iute. Adăugați sosul de roșii, oregano și foile de dafin. Gatiti 15 minute. Se ia de pe foc si se adauga fasolea. Sezon.

Intre timp se filtreaza bine feliile de vinete, se usuca, apoi se prajesc pe ambele parti in putin ulei.

Pune fasolea și vinetele în tigaie până se epuizează ingredientele. Terminați cu un strat de vinete. Se presară brânză rasă și se gratinează.

TRUC

Aceasta reteta este perfecta cu linte sau cu resturile de leguminoase din alte preparate.

EVE CARTOF

INGREDIENTE

1 kg de năut

1 kg de cod

500 g spanac

50 g migdale

kit de 3 litri

2 linguri de sos de rosii

1 lingura boia

3 felii de pâine prăjită

2 catei de usturoi

1 ardei verde

1 ceapă

1 frunză de dafin

Ulei de masline

sare

ÎN PROCES

Lăsați năutul la macerat timp de 24 de ore.

Prăjiți ceapa tăiată cubulețe, usturoiul și ardeiul într-o tigaie la foc mediu. Adaugam boiaua, dafinul, sosul de rosii si turnam peste peste. Cand incepe sa fiarba adaugam nautul. Cand sunt aproape moi, adauga codul si spanacul.

Între timp, amestecați migdalele cu pâinea prăjită. Se amestecă și se adaugă la tocană. Gatiti inca 5 minute si asezonati cu sare.

TRUC

Năutul trebuie pus într-o cratiță umplută cu apă clocotită, altfel se va întări și își va pierde pielea foarte ușor.

POCHAD CU RATE PROFESIONALE

INGREDIENTE

400 g fasole

500 g de chanterelles

½ pahar de vin alb

4 catei de usturoi

1 ardei verde mic

1 roșie mică

1 ceapă

1 praz

1 cayenne

patrunjel proaspat tocat

Ulei de masline

ÎN PROCES

Într-o cratiță puneți fasolea, boia de ardei, jumătate de ceapă, prazul decojit, 1 cățel de usturoi și roșia. Acoperiți cu apă rece și gătiți aproximativ 35 de minute până când legumele sunt fragede.

Prăjiți separat cealaltă jumătate de ceapă, ardeiul cayenne și ceilalți căței de usturoi tăiați foarte mărunt, la foc iute. Se adauga scoicile si se deglaseaza cu vinul.

Se amestecă midiile cu sosul de fasole albă, se adaugă pătrunjelul și se mai fierbe încă 2 minute. Asezonați cu sare.

TRUC

Înmuiați scoicile în apă rece și sărată timp de 2 ore pentru a înmuia tot pământul.

SUPA DE HOMUS

INGREDIENTE

1 ½ kg homar

250 g de roșii

200 g de praz

150 g de unt

100 g morcovi

100 g ceapă

75 g de orez

1 ½ litru de suc de peste

¼ l smantana

1 dl grappa

1 dl vin

1 crenguță de cimbru

2 foi de dafin

Sare piper

ÎN PROCES

Tăiați homarul în bucăți și prăjiți în 50 g de unt. Se aprinde cu rachiu si se toarna vin peste el. Acoperiți și gătiți timp de 15 minute.

Rezervați carnea de homar. El le macerează cadavrele cu țuică, vin fiert și tămâie. Treci prin chinezi și adună provizii.

Se prajesc legumele tocate (in functie de duritate) cu untul ramas. La sfarsit, adauga rosiile cherry. Se umezește cu bulionul rezervat, se adaugă ierburile aromate și orezul. Gatiti 45 de minute. Se amestecă și se filtrează. Adăugați smântâna și gătiți încă 5 minute.

Serviți coaja cu homar tocat.

TRUC

Arderea înseamnă arderea unei băuturi alcoolice, astfel încât alcoolul să dispară, dar nu și gustul. Este important să faceți acest lucru cu ventilatorul de evacuare oprit.

LEGUME ÎN AUTOCOLANTE

INGREDIENTE

150 g sunca serrano taiata cubulete

150 g fasole verde

150 g de conopida

150 g de mazăre

150 g fasole

2 linguri de faina

3 anghinare

2 oua fierte tari

2 morcovi

1 ceapă

1 catel de usturoi

1 lămâie

Ulei de masline

sare

ÎN PROCES

Curățați anghinarea îndepărtând frunzele și vârfurile exterioare. Fierbe apa cu 1 lingura de faina si zeama de lamaie pana se inmoaie. Upgrade și rezervare.

Curățați și tăiați morcovii în bucăți medii. Scoateți sforile și capetele fasolei și tăiați-le în 3 bucăți. Colectăm trandafiri din conopidă. Fierbeți apa și gătiți fiecare legumă separat până când se înmoaie. Upgrade și rezervare.

Tăiați supa de legume (cu excepția supei de anghinare) în jumătate.

Tăiați ceapa și usturoiul în bucăți mici. Fierbeti 10 minute cu sunca serrano taiata cubulete. Adăugați încă o lingură de făină și prăjiți încă 2 minute. Adăugați 150 ml de bulion de legume. Scoateți și gătiți timp de 5 minute. Adăugați legumele și ouăle fierte tari în sferturi. Se fierbe 2 minute, apoi se adaugă sare.

TRUC

Legumele trebuie gătite separat pentru că timpul de gătire nu este același.

MANDEN DE CASĂ LICENȚAT

INGREDIENTE

1 ¼ kg de sfeclă roșie

750 g de cartofi

3 catei de usturoi

2 dl ulei de masline

sare

ÎN PROCES

Spălați mătgul și tăiați frunzele în bucăți mari. Curățați frunzele și tăiați-le în inele. Fierbeți frunzele și tulpinile în apă clocotită cu sare timp de 5 minute. Actualizați, ștergeți și rezervați.

Fierbeți cartofii curățați și cachelada în aceeași apă timp de 20 de minute. Scurgeți și depozitați.

Prăjiți usturoiul curățat și filet în ulei. Se adauga penca, frunzele si cartofii si se prajesc 2 minute. Asezonați cu sare.

TRUC

Penca poate fi umplută cu șuncă și brânză. Apoi îl curățăm și îl gătim.

ȘOSETE ȘI TORTA SOMON

INGREDIENTE

400 g de dovlecel

200 g somon proaspat (dezosat)

750 ml crema

6 ouă

1 ceapă

Ulei de masline

Sare piper

ÎN PROCES

Tăiați ceapa în bucăți mici și prăjiți în puțin ulei. Tăiați dovlecelul în cuburi și adăugați-i la ceapă. Gatiti la foc mediu timp de 10 minute.

Se amestecă și se adaugă ½ l de smântână și 4 ouă până se obține un amestec fin.

O punem in forme individuale, unse in prealabil cu unt si presarate cu faina, si la bain-marie la 170 ºC cca. Gatiti 10 minute.

În același timp, prăjiți somonul tăiat cubulețe în puțin ulei. Se condimentează cu sare și se amestecă cu smântâna rămasă și 2 ouă. Se pune deasupra plăcintei cu dovlecei. Continuați să gătiți încă 20 de minute sau până când se oprește.

TRUC

Se serveste fierbinte cu maioneza tocata si cateva crengute de sofran prajit.

anghinare cu ciuperci si parmezan

INGREDIENTE

1 kg jumate de anghinare

200 g de ciuperci

50 g parmezan

1 pahar de vin alb

3 roșii mari

1 ceapa primavara

1 lămâie

Ulei de masline

Sare piper

ÎN PROCES

Curățați anghinarea, îndepărtați tulpina, frunzele exterioare dure și vârful. Tăiați în sferturi și frecați cu lămâie pentru a preveni oxidarea. Rezervă.

Prăjiți încet ceapa tocată. Ridicați focul și adăugați ciupercile curățate și tăiate felii. Gatiti 3 minute. Se toarnă peste vin, apoi se adaugă roșiile ras și anghinarea. Acoperiți și gătiți timp de 10 minute sau până când anghinările sunt fragede și sosul s-a îngroșat.

Se aseaza pe o farfurie, se condimenteaza si se presara cu parmezan.

TRUC

O altă modalitate de a preveni oxidarea anghinarelor este să le înmoaie în apă rece cu mult pătrunjel proaspăt.

Vinete marinate

INGREDIENTE

2 vinete mari

3 linguri de suc de lamaie

3 linguri de patrunjel proaspat tocat

2 linguri de usturoi tocat

1 lingura de seminte de chimen macinate

1 lingura de scortisoara

1 lingura ardei iute

Ulei de masline

sare

ÎN PROCES

Tăiați vinetele în felii pe lungime. Se presară cu sare și se lasă să se odihnească pe hârtie de bucătărie timp de 30 de minute. Clătiți bine cu apă și lăsați deoparte.

Se condimentează feliile de vinete cu ulei și sare și se coace la 175 de grade timp de 25 de minute.

Se amestecă celelalte ingrediente într-un bol. Adăugați vinetele la amestec și amestecați. Se acopera si se da la frigider pentru 2 ore.

TRUC

Pentru ca vinetele să nu-și piardă gustul amar, o puteți înmuia în lapte cu puțină sare timp de 20 de minute.

FASOLE COAPTE CU SUNCA SERRANO

INGREDIENTE

1 sticla de fasole in ulei

2 catei de usturoi

4 felii de șuncă serrano

1 ceapa primavara

2 oua

Sare piper

ÎN PROCES

Scurgeți uleiul din fasole în tigaie. Prăjiți ceapa tocată, usturoiul feliat și șunca tăiată fâșii subțiri. Ridicați focul, adăugați fasolea și fierbeți timp de 3 minute.

Bateți ouăle separat și asezonați cu sare. Se toarnă oul peste fasole și se amestecă constant.

TRUC

Adăugați puțină smântână sau lapte în ouăle bătute pentru a le face mai netede.

TRINXAT

INGREDIENTE

1 kg de varză

1 kg de cartofi

100 g de bacon

5 catei de usturoi

Ulei de masline

sare

ÎN PROCES

Curățați varza, spălați-o și tăiați-o în felii subțiri. Curățați cartofii și tăiați-i în sferturi. Fierbe totul împreună timp de 25 de minute. Scoateți-l și zdrobiți-l bine cu o furculiță cât este încă fierbinte.

Prăjiți usturoiul tocat și baconul tăiat fâșii într-o tigaie. Adăugați amestecul de cartofi anterior și gătiți pe fiecare parte timp de 3 minute, de parcă ar fi o omletă de cartofi.

TRUC

Varza trebuie scursă bine după gătire, altfel trinxul nu se va rumeni bine.

BROCCOLI GRATINAT CU SLANCA SI AURORA

INGREDIENTE

150 g fasii de bacon

1 broccoli mare

Sos Aurora (vezi bulion și sosuri)

Ulei de masline

Sare piper

ÎN PROCES

Prăjiți bine fâșiile de bacon într-o tigaie și lăsați deoparte.

Împărțiți broccoli în gogoși și gătiți în multă apă cu sare timp de 10 minute sau până când se înmoaie. Se scurge si se aseaza pe o tava.

Peste broccoli se pune baconul, urmat de sosul Aurora si se grata la cea mai mare temperatura pana se rumeneste.

TRUC

Pentru a reduce mirosul de broccoli, adăugați puțin oțet în apa de gătit.

BOGOGAN CU CRAB SI COCHII IN DANTELA VERDE

INGREDIENTE

500 g cardan fiert

2 dl vin alb

2 dl sos de peste

2 linguri patrunjel proaspat tocat

1 lingura de faina

20 de scoici

4 catei de usturoi

1 ceapă

Ulei de masline

sare

ÎN PROCES

Tăiați ceapa și usturoiul în bucăți mici. Se fierbe in 2 linguri de ulei timp de 15 minute.

Adaugati faina si gatiti 2 minute, amestecand continuu. Ridicați focul, turnați vinul și lăsați-l să se răcească complet.

Se umezește cu tămâie și se fierbe timp de 10 minute la foc mic, amestecând continuu. Se adauga patrunjelul si se condimenteaza cu sare.

Adăugați carcasele curățate anterior și inelele de cardan. Acoperiți și gătiți timp de 1 minut până când scoicile se deschid.

TRUC

Nu fierbeți prea mult pătrunjelul pentru ca acesta să nu-și piardă culoarea sau să devină maro.

CEAPĂ CARAMELIZATĂ

INGREDIENTE

2 cepe mari

2 linguri de zahar

1 lingurita otet de Modena sau Sherry

ÎN PROCES

Acoperiți și prăjiți ceapa prăjită până devine translucida

Acoperiți și coaceți până se rumenesc. Adăugați zahărul și gătiți încă 15 minute. Se toarnă oțet peste el și se fierbe încă 5 minute.

TRUC

Daca vrei sa faci o omleta cu o cantitate atat de mare de ceapa caramelizata foloseste 800 g de cartofi si 6 oua.

ciuperci umplute cu șuncă serrano și pesto

INGREDIENTE

500 g de ciuperci proaspete

150 g șuncă serrano

1 ceapa primavara, tocata

Pesto (vezi bulion și sosuri)

ÎN PROCES

Tăiați ceapa și șunca în bucăți mici. Gatiti-le incet timp de 10 minute. Lasă-l să se răcească.

Curățați și îndepărtați tulpina de pe ciupercă. Se fierbe-le cu capul în jos în tigaie timp de 5 minute.

Umplem ciupercile cu sunca si salota, acoperim cu putin pesto si coacem la 200 de grade cca. timp de 5 minute.

TRUC

Nu trebuie sa puneti sare, deoarece sunca si pesto-ul sunt putin sarate.

CAULIRO CU AJOARRIERO

INGREDIENTE

1 conopida mare

1 lingura boia dulce

1 lingura de otet

2 catei de usturoi

8 linguri de ulei de măsline

sare

ÎN PROCES

Împărțiți conopida în bucheţe și puneți la înmuiat în multă apă cu sare timp de 10 minute sau până când este gătită.

Tăiați usturoiul și prăjiți-l în ulei. Se ia cratita de pe foc si se adauga boia de ardei. Se fierbe 5 secunde, apoi se adauga otetul. Asezonați sosul cu sare și sos.

TRUC

pentru ca conopida să miros mai puțin la gătit, adăugați 1 pahar de lapte în apă.

conopidă prăjită

INGREDIENTE

100 g parmezan ras

1 conopida mare

2 galbenusuri de ou

Bechamel (vezi bulion și sosuri)

ÎN PROCES

Împărțiți conopida în buchețe și puneți la înmuiat în multă apă cu sare timp de 10 minute sau până când este gătită.

Adăugați bechamelul la sos (luat de pe foc), amestecați gălbenușul de ou și brânza până devine spumoasă.

Puneți conopida într-o tavă de copt și stropiți cu sosul bechamel. Grill la temperatura maxima pana cand suprafata devine maro aurie.

TRUC

Dacă adăugați brânză rasă și gălbenuș de ou la bechamel, acesta devine un nou sos Mornay.

DUXELLE

INGREDIENTE

500 g de ciuperci

100 g de unt

100 g ceapa primavara (sau ceapa)

Sare piper

ÎN PROCES

Curățați ciupercile și tăiați-le în cuburi mici.

Prăjiți ceapa tocată mărunt în unt, apoi adăugați ciupercile. Se fierbe până când lichidul dispare complet. Sezon.

TRUC

Poate fi o garnitură perfectă, umplutură sau chiar un prim fel. Duxel de ciuperci cu ou poșat, piept de pui umplut cu duxel etc.

CU LACACH SI CABRAL Afumat

INGREDIENTE

200 de grame de smântână

150 g somon afumat

100 g de brânză Cabrales

50 g nuci decojite

6 lăstari de andive

Sare piper

ÎN PROCES

Tăiați scarola, spălați-l bine în apă rece și scufundați-l în apă cu gheață timp de 15 minute.

Amesteca branza, somonul feliat, nuca, smantana, sare si piper intr-un bol si umple scarola cu acest sos.

TRUC

Clătirea andivei sub apă rece și înmuierea ei în apă cu gheață va ajuta la eliminarea amărăciunii.

LOMBARDA SEGÓV

INGREDIENTE

40 g de nuci de pin

40 g de stafide

1 lingura boia

3 catei de usturoi

1 varză roșie

1 miez de măr

Ulei de masline

sare

ÎN PROCES

Scoateți tulpina centrală și frunzele exterioare de pe varza roșie și tăiați fâșii julienne. Mărul cu decor fără a îndepărta coaja și tăiați-l în sferturi. Gatiti varza rosie, stafidele si merele timp de 90 de minute. Scurgeți și depozitați.

Tăiați usturoiul în felii și prăjiți într-o tigaie. Adăugați nucile de pin și pâinea prăjită. Adaugam boiaua si adaugam varza rosie impreuna cu stafidele si merele. Se prăjește timp de 5 minute.

TRUC

Pentru a preveni ca varza roșie să-și piardă culoarea, începeți să o gătiți cu apă clocotită și adăugați o picătură de oțet.

SALATA DE ARDEI PRAJIT

INGREDIENTE

3 roșii

2 vinete

2 cepe

1 ardei rosu

1 cap de usturoi

Oțet (opțional)

ulei de măsline extra virgin

sare

ÎN PROCES

Preîncălziți cuptorul la 170°C.

Se spala vinetele, ardeiul si rosiile, se curata ceapa. Pune toate legumele pe o tavă și asezonează cu mult ulei. Gătiți timp de 1 oră, întorcându-le din când în când pentru a asigura o gătire uniformă. Luați-o așa cum este.

Lasati ardeiul sa se raceasca, indepartati coaja si semintele. Ardei julienne, ceapă și vinete fără semințe. Scoateți cățeii de usturoi de pe capul prăjit apăsând ușor.

Se amestecă toate legumele într-un bol, se condimentează cu un praf de sare și ulei de gătit. De asemenea, puteți adăuga câteva picături de oțet.

TRUC

Este indicat să faceți câteva tăieturi pe coaja vinetelor și roșiilor, astfel încât acestea să nu se despartă în timpul gătitului și, prin urmare, să fie mai ușor de curățat.

MAZARE FRANCEZĂ

INGREDIENTE

850 g de mazăre curățată

250 g ceapa

90 g șuncă serrano

90 g de unt

1 litru de bulion

1 lingura de faina

1 salata curata

sare

ÎN PROCES

Se caleste ceapa tocata si sunca taiata cubulete in unt. Adăugați făina și prăjiți timp de 3 minute.

Adăugați supa și gătiți încă 15 minute, amestecând din când în când. Se adauga mazarea si se fierbe 10 minute la foc mediu.

Adăugați julienne fină și gătiți încă 5 minute. Adăugați un praf de sare.

TRUC

Gătiți mazărea neacoperită pentru a preveni să devină gri. Adăugarea unui praf de zahăr în timpul gătirii îmbunătățește aroma mazărei.

SPANAC RECONSTRUIT

INGREDIENTE

3/4 lb spanac proaspăt

45 g de unt

45 g de făină

½ litru de lapte

3 catei de usturoi

Nucşoară

Ulei de masline

Sare piper

ÎN PROCES

Bechamel este făcut din unt topit şi făină. Se fierbe 5 minute, apoi se adauga laptele amestecand continuu. Gatiti 15 minute, apoi condimentati cu sare, piper si nucsoara.

Gatiti spanacul in multa apa cu sare. Scurgeţi, răciţi şi stoarceţi bine, astfel încât să fie complet uscate.

Se toacă usturoiul şi se prăjeşte în ulei timp de 1 minut. Adăugaţi spanacul şi gătiţi la foc mediu timp de 5 minute.

Se amestecă spanacul cu sosul bechamel şi se mai fierbe încă 5 minute, amestecând continuu.

TRUC

Nişte felii de triunghi prăjite cu pâine.

BEBABAS CU BUTIFAR ALB

INGREDIENTE

1 sticla de fasole in ulei

2 catei de usturoi

1 carnat alb

1 ceapa primavara

Ulei de masline

sare

ÎN PROCES

Scurgeți uleiul din fasole în tigaie. Prăjiți mărunt ceapa și usturoiul în ulei, apoi adăugați cârnații tăiați cubulețe.

Gatiti 3 minute pana se rumenesc usor. Ridicați focul, adăugați fasolea și fierbeți încă 3 minute. Adăugați un praf de sare.

TRUC

Se poate face si cu fasole moale. Pentru a face acest lucru, fierbeți-l în apă rece timp de 15 minute sau până devine moale. Reîmprospătați cu apă și gheață, apoi curățați. Apoi pregătiți rețeta în același mod.

FASOLE VERDE CU SUNCA

INGREDIENTE

600 g fasole verde

150 g șuncă serrano

1 lingurita boia

5 roșii

3 catei de usturoi

1 ceapă

Ulei de masline

sare

ÎN PROCES

Scoateți părțile laterale și capetele fasolei și tăiați-le în cuburi mari. Se fierbe în apă clocotită timp de 12 minute. Se filtrează, se răcește și se fierbe.

Tăiați ceapa și usturoiul în bucăți mici. Se caleste incet timp de 10 minute si se adauga sunca Serrano. Se fierbe încă 5 minute. Adăugați boia de ardei și roșia rasă și prăjiți până dispare toată apa.

Adăugați fasolea verde în sos și gătiți încă 3 minute. Adăugați un praf de sare.

TRUC

Chorizo poate fi înlocuit cu șuncă serrano.

tocană de miel

INGREDIENTE

450 g de miel

200 g fasole verde

150 g fasole decojită

150 g de mazăre

2 litri de bulion

2 dl vin roșu

4 inimioare de anghinare

3 catei de usturoi

2 roșii mari

2 cartofi mari

1 ardei verde

1 ardei rosu

1 ceapă

Ulei de masline

Sare piper

ÎN PROCES

Mielul se taie bucati, se condimenteaza si se prajeste la foc mare. Scoateți și rezervați.

Prăjiți usturoiul și ceapa tocate în același ulei timp de 10 minute. Adăugați roșiile rase și gătiți până când apa se evaporă complet. Umeziți-l cu vin și lăsați-l să se răcească. Se toarnă bulionul, se adaugă mielul și se fierbe timp de 50 de minute sau până când carnea este fragedă. Sezon.

Separat, într-o altă tigaie, fierbeți ardeii tăiați cubulețe, mazărea, anghinarea în sferturi, 8 fasole verde tăiată în sferturi și fasolea. Turnați supa de miel peste el și gătiți încet timp de 5 minute. Se adauga cartofii curatati si tocati. gatiti pana se inmoaie. Se adauga mielul si putin bulion.

TRUC

Gătiți mazărea neacoperită pentru a preveni să devină gri.

Vinete dulci cu branza de capra, miere si curry

INGREDIENTE

200 g brânză de capră

1 vinete

Grozav

curry

Făină

Ulei de masline

sare

ÎN PROCES

Tăiați vinetele în felii subțiri, puneți-le pe hârtie absorbantă și sare pe ambele părți. Se lasa sa se odihneasca 20 de minute. Îndepărtați excesul de sare și făină și prăjiți.

Tăiați brânza în felii subțiri. Combinați straturile de vinete și brânză. Se coace 5 minute la 160 de grade.

Se aseaza pe o farfurie si se adauga 1 lingurita de miere si un strop de praf de curry la fiecare felie de vinete.

TRUC

Tăierea vinetelor și lăsarea lor cu sare elimină amărăciunea.

PRACTICĂ SPARANGAL ALB ȘI SOMON Afumat

INGREDIENTE

400 g sparanghel la conserva

200 g de somon afumat

½ l smantana

4 ouă

Făină

Ulei de masline

Sare piper

ÎN PROCES

Amestecă toate ingredientele într-un aluat neted. Scurgeți pentru a evita fibrele de sparanghel.

Se toarnă în forme unse și tape cu făină în prealabil. Se coace la 170°C timp de 20 de minute. Se poate lua cald sau rece.

TRUC

Maioneza din frunze proaspete de busuioc tocate este perfectă ca garnitură.

ARDEI AIPI PIQUILLO UMPLUT CU MORCILĂ CU SOS DULCE DE SPUMA

INGREDIENTE

125 ml crema

8 linguri de muştar

2 linguri de zahar

12 ardei piquillo

2 budinci negre

Unelte

Făină şi ouă (pentru pane)

Ulei de masline

ÎN PROCES

Se fărâmiţează budinca neagră şi se prăjeşte într-o tigaie încinsă cu o mână de nuci de pin. Se lasa sa se raceasca si se umple ardeii. Se scufundă în făină şi ou, se prăjeşte în ulei din belşug.

Se fierbe smântâna cu muştarul şi zahărul până se îngroaşă. Boia de ardei se serveşte cu un sos picant.

TRUC

Prăjiţi ardeii în ulei puţin câte puţin şi foarte fierbinţi.

ciulin de migdale

INGREDIENTE

900 g cardan fiert

75 g migdale tocate

50 g de făină

50 g de unt

1 litru de bulion de pui

1 dl vin alb

1 dl crema

1 lingura patrunjel proaspat tocat

2 catei de usturoi

2 galbenusuri de ou

1 ceapă

Ulei de masline

Sare piper

ÎN PROCES

Fierbeți migdalele și făina în unt timp de 3 minute. Continuând să batem, turnați peste supa de pui și gătiți încă 20 de minute. Se adauga smantana, apoi se ia de pe foc si se amesteca galbenusul de ou. Sezon.

Prăjiți separat ceapa și usturoiul tocate în ulei. Se adauga cardanul, se ridica focul si se adauga vinul. Lasă-l să se reducă complet.

Adaugam supa de cardan si servim cu patrunjel.

TRUC

După ce adaugă gălbenușurile, nu supraîncălziți sosul, ca să nu adoarmă și sosul să rămână cocoloși.

PAUZĂ

INGREDIENTE

4 roșii coapte

2 ardei verzi

2 dovlecei

2 cepe

1 ardei rosu

2-3 catei de usturoi

1 lingurita de zahar

Ulei de masline

sare

ÎN PROCES

Se albesc rosiile, se scot coaja si se taie cubulete. Curățați și tăiați ceapa și dovlecelul. Curățați ardeiul de semințe, tăiați carnea în cuburi.

Prăjiți usturoiul și ceapa în puțin ulei timp de 2 minute. Adăugați boia de ardei și prăjiți încă 5 minute. Adăugați dovlecelul și mai puneți la sot câteva minute. La sfârșit, adăugați roșiile și gătiți până dispare toată apa. Zaharul si sarea se curata si apoi se pun la fiert.

TRUC

Puteți folosi conserve de roșii zdrobite sau un sos de roșii bun.

Praz cu oțet vegetal

INGREDIENTE

8 praz

2 catei de usturoi

1 ardei verde

1 ardei rosu

1 ceapa primavara

1 castravete

12 linguri de ulei

4 linguri de otet

Sare piper

ÎN PROCES

Tăiați ardeiul, ceapa primăvară, usturoiul și castravetele în bucăți mici. Se amestecă cu ulei, oțet, sare și piper. Scoateți-l.

Curățați prazul și fierbeți-l în apă clocotită timp de 15 minute. Scoateți, uscați și tăiați fiecare în trei părți. Mancare si sos cu vinegreta.

TRUC

Faceți o vinegretă din roșii, eșalotă, capere și măsline negre. Gratin de praz cu mozzarella si sos. BINE.

BUCĂTĂRIE PRAZĂ, SUNINĂ ȘI PRESATĂ

INGREDIENTE

200 g de brânză Manchego

1 litru de smântână

8 ouă

6 praz mare curatat

1 pachet de bacon afumat

1 pachet de foietaj congelat

Făină

Ulei de masline

Sare piper

ÎN PROCES

Se unge si se faina o forma, apoi se tapeteaza cu aluat foietaj. Deasupra puneti folie de aluminiu si legumele sa nu se ridice si coaceti 15 minute la 185°C.

Între timp, prăjiți încet prazul tocat mărunt. Adaugam baconul tocat marunt.

Amestecă oul bătut cu smântâna, prazul, baconul și brânza rasă. Asezonați cu sare și piper, puneți acest amestec deasupra foietajului și coaceți la 165°C timp de 45 de minute până se fixează.

TRUC

Pentru a verifica dacă quiche-ul este gata, introduceți o scobitoare în centru. Daca iese uscat, este semn ca prajitura este gata.

IN LA PROVENZALE

INGREDIENTE

100 g pesmet

4 roșii

2 catei de usturoi

Pătrunjel

Ulei de masline

Sare piper

ÎN PROCES

Curățați și tăiați usturoiul, apoi amestecați-l cu pesmetul. Tăiați roșiile cherry în jumătate și îndepărtați semințele.

Încinge uleiul într-o tigaie și adaugă roșiile, tăiate în jos. Când pielea începe să se ridice la margine, întoarceți-o. Gatiti inca 3 minute si puneti-le pe o tava de copt.

Prăjiți amestecul de pâine și usturoi în aceeași tigaie. Când devine maro auriu, stropiți cu roșii. Preîncălziți cuptorul la 180 de grade și coaceți timp de 10 minute, având grijă să nu se usuce.

TRUC

Se mănâncă de obicei ca garnitură, dar și ca fel al doilea, cu mozzarella ușor prăjită.

Ceapa Umpluta

INGREDIENTE

125 g carne tocată

125 g de bacon

2 linguri de sos de rosii

2 linguri de pesmet

4 cepe mari

1 ou

Ulei de masline

Sare piper

ÎN PROCES

Se prajeste baconul taiat cubulete si carnea tocata cu sare si piper pana isi pierde culoarea roz. Adăugați roșiile și gătiți încă 1 minut.

Amestecați carnea cu oul și pesmetul.

Scoateți primul strat de ceapă și fundul. Se toarnă apă peste el și se fierbe timp de 15 minute. Se usuca, se scoate centrul si se umple cu carne. Se coace 15 minute la 175 de grade.

TRUC

Sosul Mornay poate fi preparat si prin inlocuirea jumatate din lapte cu apa de gatit a cepei. Se toarna sosul peste el si se gratina.

CIUPERCI CU CREMA DE NUCI

INGREDIENTE

1 kg de ciuperci amestecate

250 ml crema

Grappa 125 ml

2 catei de usturoi

Nuc

Ulei de masline

Sare piper

ÎN PROCES

Prăjiți usturoiul filet într-o tigaie. Ridicați focul și adăugați ciupercile curățate și tăiate felii. Se prăjește timp de 3 minute.

Se uda cu rachiu si se lasa sa se raceasca. Adăugați smântâna și gătiți încet încă 5 minute. Zdrobiți o mână de nuci într-un mojar și turnați peste ea.

TRUC

Ciupercile cultivate și chiar ciupercile uscate sunt alegeri bune.

TORTA ROSII-BUSUOCUC

INGREDIENTE

½ l smantana

8 linguri pasta de rosii (vezi bulion si sosuri)

4 ouă

8 frunze proaspete de busuioc

Făină

Ulei de masline

Sare piper

ÎN PROCES

Se amestecă toate ingredientele până se obține o masă omogenă.

Preîncălziți cuptorul la 170°C. Împărțiți în forme cu făină și unse cu unt și coaceți timp de 20 de minute.

TRUC

Aceasta este o modalitate excelentă de a folosi sosul de roșii rămas de la o altă rețetă.

PUI CURR Tocană de cartofi

INGREDIENTE

1 kg de cartofi

½ litru de supă de pui

2 piept de pui

1 lingura curry

2 catei de usturoi

2 rosii

1 ceapă

1 frunză de dafin

Ulei de masline

Sare piper

ÎN PROCES

Tăiați pieptul în cuburi medii. Adăugați sare și prăjiți în ulei încins. Scoate-l și rezervă-l.

În același ulei, fierbeți ceapa și usturoiul tăiate cubulețe la foc mic timp de 10 minute. Adăugați curry și prăjiți încă un minut. Adăugați roșiile ras, ridicați focul și gătiți până când roșiile dispar complet.

Curățați și decojiți cartofii. Adăugați-le în sos și gătiți timp de 3 minute. Se umezește cu supă și foi de dafin. Gatiti la foc mic pana cartofii sunt moi, apoi asezonati cu sare si piper.

TRUC

Se toarnă peste bulion și niște cartofi și se pasează cu o furculiță. Reveniți la tocană și gătiți timp de 1 minut, amestecând constant. Acest lucru îngroașă bulionul fără a fi nevoie de făină.

OU DULCE

INGREDIENTE

8 ouă

Paine prajita

Sare piper

ÎN PROCES

Pune ouăle într-un vas acoperit cu apă rece și sare. Se fierbe până când apa fierbe puțin. Se lasa pe foc 3 minute.

Scoateți oul și răciți-l în apă cu gheață. Rupeți cu grijă carcasa de sus ca o pălărie. Se condimentează cu sare și piper și se servește cu grisine prăjite.

TRUC

Important este ca in primul minut oul sa se miste astfel incat galbenusul sa fie la mijloc.

Cartofii sunt IMPORTANTI

INGREDIENTE

1 kg de cartofi

¾ l sos de pește

1 pahar mic de vin alb

1 lingura de faina

2 catei de usturoi

1 ceapă

Făină și ouă (pentru pane)

Pătrunjel

Ulei de masline

ÎN PROCES

Curățați cartofii și tăiați-i felii nu prea groase. Bate faina si ouale. Gatiti si puneti deoparte.

Tăiați ceapa și usturoiul în bucăți mici și curățați-le de coajă. Se adauga si se prajeste o lingura de faina si se toarna peste vin. Se lasa sa se raceasca pana aproape se usuca si se stropeste cu afumatorul. Se fierbe 15 minute la foc mic. Se condimentează cu sare și se adaugă pătrunjelul.

Adăugați cartofii în sos și gătiți până se înmoaie.

TRUC

Puteți adăuga câteva bucăți de moc sau merluciu și creveți.

OU MOLLETO

INGREDIENTE

8 ouă

150 g de hribi uscati

50 g de unt

50 g de făină

1 dl vin dulce

2 catei de usturoi

Nucşoară

Oţet

Ulei

Sare piper

ÎN PROCES

Înmuiați hribii în 1 litru de apă fierbinte timp de aproximativ 1 oră. În același timp, fierbeți ouăle în apă clocotită cu sare cu oțet timp de 5 minute. Scoateți și împrospătați imediat în apă cu gheață. Curățați-l cu grijă.

Scurgeți porcinii, rezervând apa. Tăiați usturoiul în felii și prăjiți în ulei. Adăugați porcini și gătiți timp de 2 minute la foc mare. Se condimenteaza cu sare si piper, apoi se stropeste cu vin dulce pana se inmoaie si se usuca sosul.

Topiți untul cu făina într-o tigaie. Gatiti la foc mic timp de 5 minute fara a opri amestecarea. Se toarnă apa hidratată de hribii. Gatiti 15 minute la foc mic, amestecand continuu. Se condimentează și se adaugă nucșoară.

Puneți porcinile pe farfurie, apoi oul și decorați cu sosul.

TRUC

Oul moale trebuie lăsat cu albușul de caș și gălbenușul lichid.

CARTOFI SI ALBI

INGREDIENTE

1 kg de cartofi

600 g cod de merlan dezosat și fără piele

4 linguri de sos de rosii

1 ceapă mare

2 catei de usturoi

1 frunză de dafin

Marca

Ulei de masline

Sare piper

ÎN PROCES

Curatam cartofii, ii taiem in sferturi si ii punem la fiert in apa cu sare timp de 30 de minute. Scurgeți și treceți printr-o moară. Se întinde piureul pe folie și se lasă deoparte.

Tăiați ceapa și usturoiul în bucăți mici. Se prajesc la foc mediu 5 minute, apoi se adauga foile de dafin si merlanul tocat si asezonat. Gatiti la foc mic, fara a opri amestecul, inca 5 minute, stropiti cu un strop de rachiu si lasati sa se odihneasca. Adăugați sosul de roșii și gătiți încă un minut. Lasă-l să se răcească.

Întindeți merlanul pe baza de cartofi, rulați-l într-un rulou și păstrați-l la frigider până la servire.

TRUC

Se poate face cu orice pește proaspăt sau congelat. Se serveste cu sos roz sau alioli.

UTILIZAREA HAINELOR DE OMLETĂ (HAINE VECHIE)

INGREDIENTE

batoane de 125 g

100 g pui sau pui

60 g de varză

60 g de bacon

1 lingurita boia

3 catei de usturoi

1 budincă neagră

1 cârnați

1 ceapă

2 linguri de ulei de măsline

sare

ÎN PROCES

Tăiați ceapa și usturoiul în bucăți mici. Se fierbe timp de 10 minute. Tăiați carnea și varza fiartă în bucăți mici și adăugați-le la ceapă. Se prăjește la foc mediu până când carnea se rumenește și se rumenește.

Bate ouale si adauga la carne. Asezonați cu sare.

Se încălzește bine tigaia, se adaugă uleiul și se prăjește pe ambele părți ale tortillei.

TRUC

Serviți cu un sos bun de roșii cu chimen.

CARTOFI UMPLUȚI AUMĂȚI UMLUȚI CU ZALC, SUNINĂ ȘI DIZANI

INGREDIENTE

4 cartofi medii

250 g de bacon

150 g parmezan

200 g de somon afumat

½ l smantana

1 vinete

Ulei de masline

Sare piper

ÎN PROCES

Spălați bine cartofii și gătiți-i în coajă la foc mediu timp de 25 de minute sau până când se înmoaie. Scurgeți, tăiați în jumătate și scurgeți, lăsând un strat ușor. Păstrați cartofii intacți și scurgeți.

Prăjiți slănina tăiată fâșii într-o tigaie încinsă. Scoateți și rezervați. Prăjiți vinetele tăiate cubulețe în același ulei timp de 15 minute sau până când se înmoaie.

Punem intr-o cratita cartofii scursi de apa, vinetele fierte, baconul, somonul taiat fasii, parmezanul si smantana. Gatiti 5 minute la foc mediu, apoi adaugati sare si piper.

Umpleți cartofii cu amestecul anterior și gratinați-i la 180 ºC până devin aurii.

TRUC

Puteți face și vinete cu aceeași umplutură.

CROCHET DE CARTOFI ȘI BRÂNZĂ

INGREDIENTE

500 g de cartofi

150 g parmezan ras

50 g de unt

Făină, ouă și pesmet (pentru pane)

2 galbenusuri de ou

Nucșoară

Sare piper

ÎN PROCES

Curatam cartofii, ii taiem in sferturi si ii punem la fiert la foc mediu cu apa si sare timp de 30 de minute. Scurgeți și treceți printr-o moară. Când este fierbinte, adăugați untul, gălbenușurile de ou, sare, piper, nucșoară și parmezan. Lasă-l să se răcească.

Se formează crochete și se unge cu făină, ou bătut și pesmet. Se prajesc in ulei din belsug pana se rumenesc.

TRUC

Inainte de acoperire se pune in mijlocul crochetei 1 lingurita de sos de rosii si o bucata de carnat proaspat fiert. Sunt delicioase.

PRAJIT BUN PRAJIT

INGREDIENTE

1 kg de cartofi târzii sau mediu-tarzii (soiul acrișor sau Monalisa)

1 litru de ulei de măsline

sare

ÎN PROCES

Curățați cartofii și tăiați-i în cuburi normale. Se spală cu multă apă rece până când este complet limpede. se usucă bine

Încinge uleiul într-o tigaie la foc mediu la aproximativ 150 de grade. Cand incepe sa fiarba usor dar continuu adaugati cartofii si gatiti pana se inmoaie foarte bine, avand grija sa nu ii rupi.

Ridicati focul cu uleiul foarte incins si adaugati cartofii putin cate putin cu o lingura. Coaceți până devine maro auriu și crocant. Se scurge, apoi se filtrează excesul de ulei și sare.

TRUC

Ambele temperaturi ale uleiului sunt importante. Este foarte moale la interior si crocanta la exterior. Adăugați sare la sfârșit.

OU FLORENTINA

INGREDIENTE

8 ouă

800 g spanac

150 g sunca cruda

1 catel de usturoi

Bechamel (vezi bulion și sosuri)

sare

ÎN PROCES

Gatiti spanacul in apa clocotita cu sare timp de 5 minute. Reîmprospătați și stoarceți pentru a elimina apa. Se toaca marunt si se da deoparte.

Tăiați usturoiul și prăjiți la foc mediu timp de 1 minut. Adaugati sunca taiata cubulete si gatiti inca 1 minut. Ridicați focul, adăugați spanacul și mai fierbeți încă 5 minute. Apoi împărțiți spanacul în 4 vase de lut.

Se toarnă peste spanacul cu 2 ouă bătute. Se unge cu sosul bechamel si se coace la 170 de grade timp de 8 minute.

TRUC

Fiorentino este numele produselor pe bază de spanac.

CARTOFI PRĂJIT CU PEȘTE MOUNI ȘI CRAB

INGREDIENTE

4 cartofi

300 g de moc curat, dezosat

250 g creveți decojiți

½ litru de suc de peste

1 pahar de vin alb

1 lingura pasta de ardei chorizo

1 lingurita boia

8 fire de șofran

3 felii de pâine prăjită

2 catei de usturoi

1 ceapă

Ulei de masline

Sare piper

ÎN PROCES

Se fierbe ceapa și usturoiul tocat la foc mic timp de 10 minute. Adăugați feliile de pâine și prăjiți. Adăugați șofranul, boia de ardei și ardeiul chorizo. Se prăjește timp de 2 minute.

Rezervați cartofii și adăugați în sos. Se prăjește timp de 3 minute. Se adauga vinul si se lasa sa se raceasca complet.

Se toarnă bulionul peste el și se fierbe la foc mic până când cartofii sunt aproape gata. Adaugam siluta taiata bucatele si crevetii curatati. Se condimentează și se fierbe încă 2 minute. Se lasa sa se odihneasca 5 minute, apoi se ia de pe foc.

TRUC

Tăierea cachelar înseamnă tăierea în bucăți fără a tăia complet. Acest lucru va face bulionul mai gros.

OU IN STIL FLAMENCO

INGREDIENTE

8 ouă

200 g sos de rosii

1 conserve mică de ardei piquillo

4 linguri de mazăre fiartă

4 felii de şuncă serrano

4 felii groase de chorizo

4 conserve de sparanghel

ÎN PROCES

Împărțiți sosul de roșii în 4 boluri. Adăugați 2 ouă bătute la fiecare și împărțiți mazărea bătută, chorizo și șunca, precum și ardeii și sparanghelul în grămezi separate.

Coaceți la 190 de grade până când ouăle sunt ușor moi.

TRUC

Putem face asta cu coada de stick și chiar cârnați proaspeți.

TORTILLA PAISANA

INGREDIENTE

6 ouă

3 cartofi mari

25 g de mazăre fiartă

25 g cârnați

25 g șuncă serrano

1 ardei verde

1 ardei rosu

1 ceapă

Ulei de masline

Sare piper

ÎN PROCES

Tăiați ceapa și ardeiul în bucăți mici. Tăiați cartofii curățați în felii foarte subțiri. Prăjiți cartofii cu ceapă și ardei la foc mediu.

Prăjiți chorizo și șuncă tăiată cubulețe. Scurgeți cartofii cu ceapa și ardeiul. Se amestecă cu chorizo și șuncă. Adăugați mazărea.

Bateți ouăle, asezonați cu sare și piper, apoi adăugați la cartofi și la alte ingrediente. Se încălzește bine o tigaie medie, se adaugă amestecul anterior și se amestecă pe ambele părți.

TRUC

Nu trebuie să dormi mult, pentru că va fi gata cu căldura rămasă. Acest lucru îl va face mai suculent.

Ouă omletă cu cârnați și muștar

INGREDIENTE

8 ouă

2 cârnați afumati germani

5 linguri de muștar

4 linguri de smântână

2 muraturi

Sare piper

ÎN PROCES

Amesteca castravetele tocat marunt cu mustarul si smantana.

Tăiați cârnații subțiri în fundul a 4 vase de teracotă. Ungeți cu sos de muștar, apoi acoperiți fiecare cu 2 ouă bătute. Sezon.

Coaceți la cuptor la 180 de grade până când proteinele se înmoaie.

TRUC

Adaugati 2 linguri de parmezan ras si cateva crengute de cimbru proaspat in crema de mustar.

PLANTE DE CARTOF ÎN MARTIE

INGREDIENTE

7 ouă mari

Gatiti 800 g de cartofi

1 dl vin alb

¼ litru de supă de pui

1 lingura patrunjel proaspat

1 lingurita boia

1 lingurita de faina

3 catei de usturoi

ulei de masline virgin

sare

ÎN PROCES

Tăiați mărunt usturoiul și prăjiți-l la foc mediu timp de 3 minute fără să se rumenească prea mult. Adăugați făina și prăjiți 2 minute. Adăugați boia și prăjiți 5 secunde. Umeziți-l cu vin și lăsați-l să se răcească complet. Se toarnă bulionul peste el și se fierbe timp de 10 minute, amestecând din când în când. Se adauga sare si se presara patrunjel.

Curățați cartofii. Tăiați pe lungime în sferturi și feliați subțiri. prăjiți până când sunt moale și ușor aurii.

Bateți ouăle și asezonați cu sare. Scurgeți bine cartofii și adăugați-i în oul bătut. Asezonați cu sare.

Se incinge tigaia, se adauga 3 linguri de ulei folosit la prajirea cartofilor, apoi se adauga amestecul de ou-cartofi. Se amestecă la maxim timp de 15 secunde. Întoarceți-l cu o farfurie. Se încălzește tigaia și se mai adaugă 2 linguri de ulei de cartofi. Adăugați tortilla și prăjiți la maxim timp de 15 secunde. Adăugați sare și fierbeți la foc mic timp de 5 minute.

TRUC

Puteți folosi pentru această rețetă bulionul rămas din tocane sau preparate din orez.

BAZĂ DE Zdrobire

INGREDIENTE

1 kg de cartofi

200 g cod nesarat

100 ml vin alb

3 praz mediu

1 ceapă mare

ÎN PROCES

Fierbe codul in 1 litru de apa rece timp de 5 minute. Scoatem codul, taiem bucatele si scoatem oasele. Economisiți apa de gătit.

Tăiați ceapa fâșii julienne și fierbeți într-o tigaie la foc mic timp de aproximativ 20 de minute. Tăiați prazul în felii puțin groase și adăugați la ceapă. Se fierbe încă 10 minute.

Cachelar (zăruiți, nu tăiați) cartofii și adăugați în tocană când prazul este fiert. Se prajesc putin cartofii, se ridica focul si se toarna vinul alb. Lasă-l să reducă.

Înmuiați tocanita în apa clocotită a codului, asezonați cu sare (ar trebui să fie puțin moale) și fierbeți până când cartofii sunt moi. Adăugați codul și gătiți încă 1 minut. Se condimentează cu sare și se lasă să se odihnească, acoperit, timp de 5 minute.

TRUC

Transformă această tocană în cremă. Trebuie doar să-l zdrobiți și să-l strecurați. BINE.

FREKS

INGREDIENTE

500 g de cartofi

1 pahar de vin alb

1 ceapă mică

1 ardei verde

Ulei de masline

sare

ÎN PROCES

Curățați cartofii și tăiați-i felii subțiri. Tăiați ceapa și ardeiul în fâșii julienne. Il punem pe o tava de copt. Se condimentează cu sare și se unge bine cu ulei. Se amestecă pentru a se acoperi bine și se acoperă cu folie de aluminiu.

Coaceți la 160 de grade timp de 1 oră. Scoateți, îndepărtați hârtia și umeziți cu un pahar de vin.

Coaceți descoperit la 200 de grade pentru încă 15 minute.

TRUC

Puteți înlocui vinul cu ½ cană de apă, ½ cană de oțet și 2 linguri de zahăr.

Ciuperci prajite

INGREDIENTE

8 ouă

500 g ciuperci curățate și tăiate felii

100 g șuncă serrano, tăiată cubulețe

8 felii de pâine prăjită

2 catei de usturoi

Ulei de masline

ÎN PROCES

Tăiați usturoiul în felii și prăjiți-l ușor cu șunca tăiată, fără a adăuga culoare. Ridicați focul, adăugați ciupercile curățate și tăiate felii și prăjiți timp de 2 minute.

Adăugați oul bătut, amestecând continuu, până devine ușor tare și spumos.

TRUC

Nu aveți nevoie de sare, pentru că șunca Serrano o oferă.

OU TALDI cu hamsii si masline

INGREDIENTE

8 ouă

500 g de roșii

40 g măsline negre fără sâmburi

12 hamsii

10 capere

3 catei de usturoi

1 ceapa primavara

Oregano

Zahăr

Ulei de masline

sare

ÎN PROCES

Tocați mărunt usturoiul și ceapa. Coaceți la foc mic timp de 10 minute.

Curata rosiile de coaja, scoate semintele si taie-le cubulete mici. Adăugați usturoiul și ceapa în sos. Ridicați focul și gătiți până când roșiile și-au pierdut toată apa. Se condimentează cu sare și zahăr.

Împărțiți roșiile între vase de lut. Se adauga 2 oua batute si se toarna peste restul ingredientelor tocate. Coaceți la cuptor la 180 de grade până când proteinele se înmoaie.

TRUC

Adăugarea de zahăr la rețetele folosind roșii ajută la echilibrarea acidității pe care o oferă.

CARTOFII CU SLANCA CREMANTA SI PARMEZAN

INGREDIENTE

1 kg de cartofi

250 g de bacon

150 g parmezan

300 ml de smântână

3 cepe

Nucșoară

Ulei de masline

Sare piper

ÎN PROCES

Amestecam smantana cu branza, sare, piper si nucsoara intr-un bol.

Curățați cartofii și ceapa și tăiați-le în felii subțiri. Se fierbe până se înmoaie într-o tigaie. Scurgeți și asezonați.

Prăjiți slănina tăiată fâșii separate și puneți-o în tigaie împreună cu cartofii.

Punem cartofii intr-o tava de copt, ii intindem cu crema si ii coacem la 175°C pana se prajesc deasupra.

TRUC

Această rețetă se poate face fără a găti cartofii. Trebuie doar să coaceți la 150 de grade timp de 1 oră.

OUA FIERTE TARI

INGREDIENTE

8 ouă

sare

ÎN PROCES

Se fierb ouăle în apă clocotită timp de 11 minute.

Reîmprospătați cu apă și gheață, apoi curățați.

TRUC

Pentru a ușura decojirea, adăugați multă sare în apă clocotită și curățați imediat după răcire.

CARTOFI RIDATI

INGREDIENTE

1 kg de cartofi mici

500 g sare grunjoasă

ÎN PROCES

Fierbeți cartofii în apă cu sare până se înmoaie. Ar trebui să fie complet acoperite cu încă un centimetru de apă. Scurgeți cartofii.

Întoarceți cartofii în aceeași tigaie (fără spălare) și puneți la foc mic, amestecând ușor, până se usucă. În acest caz, pe fiecare cartof se formează un strat mic de sare și coaja devine șifonată.

TRUC

Se potrivește perfect cu peștele sărat. Încearcă-l cu pesto.

PUDRĂ DE OUĂ CU ciuperci, crab și vânat păsări

INGREDIENTE

8 ouă

300 g ciuperci proaspete

100 g de creveți

250 ml bulion

2 linguri Pedro Ximenez

1 lingurita de faina

1 buchet de sparanghel sălbatic

Ulei de masline

1 dl de otet

Sare piper

ÎN PROCES

Fierbeți ouăle în multă apă clocotită cu sare și mult oțet. Opriți focul, acoperiți tigaia și așteptați 3 sau 4 minute. Albușurile trebuie să fie fierte, iar gălbenușurile să curgă. Scoateți, scurgeți și asezonați.

Curățați sparanghelul și tăiați-l în jumătate pe lungime. Se prajesc intr-o tigaie la foc mare, se adauga sare si se lasa deoparte. Prăjiți creveții decojiți și condimentați în același ulei la foc foarte mare timp de 30 de secunde. Retragere.

În aceeași tigaie, prăjiți ciupercile feliate la foc mare timp de 1 minut, adăugați făina și prăjiți încă un minut. Umeziți-l cu Pedro Ximénez până se înmoaie și se usucă. Se toarnă peste saramură și se aduce la fierbere.

Asezam sparanghelul, crevetii si ciupercile pe o farfurie, apoi adaugam ouale. Sos cu sos Pedro Ximénez.

TRUC

Se fierbe bulionul cu 1 crenguță de rozmarin până ajunge la jumătate din volum.

PRAJIT CU CHORIZO SI SOS VERDE

INGREDIENTE

6 ouă

120 g chorizo, tocat

4 cartofi

2 ardei verzi italieni

2 catei de usturoi

1 ceapa primavara

Ulei de masline

Sare piper

ÎN PROCES

Curățați cartofii, spălați-i și tăiați-i cubulețe medii. Spălați bine până când apa curge limpede. Julienne ceapă și ardei.

Prăjiți cartofii în ulei încins din belșug, apoi adăugați ardeii și ceapa primăvară până când legumele devin aurii și moi.

Scurgeti cartofii, salota si ardei. Se lasa putin ulei in tigaie sa se rumeneasca chorizo-ul tocat. Amesteca din nou cartofii cu ceapa si ardeii. Se adauga oul batut si se amesteca usor. Adăugați sare și piper.

TRUC

Puteți înlocui chorizo cu budincă neagră, chistorra și chiar botifarra.

SĂRACI CARTOFII

INGREDIENTE

1 kg de cartofi

3 catei de usturoi

1 ardei verde mic

1 chili roșu mic

1 ceapă mică

Patrunjel proaspat

Ulei de masline

4 linguri de otet

sare

ÎN PROCES

Zdrobiți usturoiul cu pătrunjelul, oțetul și 4 linguri de apă.

Curata cartofii si tai-i felii, ca la omleta. Se prăjește în ulei încins din belșug, apoi se adaugă ceapa și ardeiul tăiați fâșii julienne fine. Continuați să gătiți până când sunt ușor aurii.

Scoateți și scurgeți cartofii, ceapa și ardeii. Adăugați usturoiul zdrobit și oțetul. Scoateți și sare.

TRUC

Este un acompaniament ideal pentru toate cărnurile, în special pentru carnea grasă, cum ar fi carnea de miel și porc.

MARELE DUCE A FURAT OUĂLE

INGREDIENTE

8 ouă

125 g parmezan

30 g de unt

30 g de făină

½ litru de lapte

4 felii de pâine prăjită

Nucşoară

Oţet

Sare piper

ÎN PROCES

Pentru prepararea bechamelului, prăjiţi făina în unt la foc mic timp de 5 minute, adăugaţi laptele amestecând continuu şi gătiţi încă 5 minute. Se condimentează cu sare, piper şi nucşoară.

Fierbeţi ouăle în multă apă clocotită cu sare şi mult oţet. Opriţi focul, acoperiţi tigaia şi aşteptaţi 3 sau 4 minute. Scoateţi şi scurgeţi.

Puneţi oul poşat pe pâine prăjită şi stropiţi cu sosul bechamel. Se presară cu parmezan ras şi se coace la cuptor.

TRUC

Cand apa clocoteste amestecam cu un chibrit si adaugam imediat oul. Ne oferă o formă rotundă şi perfectă.

CARTOFI cu coaste

INGREDIENTE

3 cartofi mari

1 kg coaste de porc marinate

4 linguri de sos de rosii

2 catei de usturoi

1 frunză de dafin

1 ardei verde

1 ardei rosu

1 ceapă

Ulei de masline

sare

ÎN PROCES

Tăiați coastele în jumătate și prăjiți-le într-o tigaie foarte fierbinte. Scoate-l și rezervă-l.

Prăjiți ardeii, usturoiul și ceapa tăiate în bucăți medii în același ulei. Cand legumele s-au inmuiat adaugam pasta de rosii si adaugam iar coastele. Se amestecă și se acoperă cu apă. Adăugați foile de dafin și gătiți la foc mic până aproape se înmoaie.

Apoi adăugați cartofii prăjiți. Adăugați sare și gătiți până când cartofii sunt moi.

TRUC

A pune un cartof cu gresie înseamnă a-l zdrobi cu un cuțit fără a-l tăia complet. Acest lucru asigură că amidonul se separă de cartofi și bulionul devine mai bogat și mai gros.

Depune un ou

INGREDIENTE

8 ouă

70 g de unt

70 g de făină

Făină, ouă și pesmet (pentru pane)

½ litru de lapte

Nucșoară

Ulei de masline

Sare piper

ÎN PROCES

Se incinge o tigaie cu ulei de masline, se prajesc ouale, lasand galbenusurile crude sau foarte putine. Scurgeți, adăugați sare și îndepărtați excesul de ulei.

Sosul bechamel se face prin prăjirea făinii în unt topit timp de 5 minute. Adăugați laptele, amestecând continuu și gătiți la foc mediu timp de 10 minute. Asezonați cu condimente și nucșoară.

Întindeți cu grijă sosul bechamel pe toate părțile ouălor. Se lasa la racit la frigider.

Batem ouale cu faina, oul batut si pesmetul, apoi prajim in mult ulei incins pana devin aurii.

TRUC

Cu cât oul este mai proaspăt, cu atât va stropi mai puțin în timpul gătirii. Pentru a face acest lucru, scoateți-le din frigider cu 15 minute înainte de a le găti.

CARTOFI CU NUCI

INGREDIENTE

750 g de cartofi

25 g de unt

1 lingurita patrunjel proaspat tocat

2 linguri de ulei de măsline

Sare piper

ÎN PROCES

Curățați cartofii și formați-i bile. Fierbe-le in apa rece asezonata cu sare intr-o cratita. Când fierbe prima dată, așteptați 30 de secunde și scurgeți.

Topiți untul cu uleiul într-o tigaie. Adaugati cartofii scursi si scursi de apa si gatiti la foc mediu pana cand cartofii sunt aurii si fragezi in interior. Se adauga sare, piper si patrunjel.

TRUC

Se pot coace la cuptor la 175 de grade, amestecand din cand in cand, pana se inmoaie si devin maro auriu.

OU MOALE

INGREDIENTE

8 ouă

sare

Oțet

ÎN PROCES

Se fierb ouăle în apă clocotită cu sare și oțet timp de 5 minute. Scoateți și răciți imediat în apă cu gheață, apoi îndepărtați cu grijă.

TRUC

Adăugați multă sare în apă pentru a ușura curățarea ouălor fierte tari.

CARTOFI RIOJANA

INGREDIENTE

2 cartofi mari

1 lingurita pasta de piper chorizo sau ñora

2 catei de usturoi

1 chorizo asturian

1 ardei verde

1 frunză de dafin

1 ceapă

Paprika

4 linguri de ulei de măsline

sare

ÎN PROCES

Prăjiți usturoiul tocat în ulei timp de 2 minute. Adăugați ceapa și ardeii prăjiți și prăjiți la foc mediu timp de 25 de minute (culoarea trebuie să se caramelizeze). Adăugați o linguriță de piper chorizo.

Adăugați chorizo tocat și prăjiți încă 5 minute. Adaugati cartofii cachelada si gatiti inca 10 minute, amestecand continuu. Asezonați cu sare.

Se adauga boia de ardei si se acopera cu apa. Gatiti cu foaia de dafin la foc foarte mic pana cartofii sunt moi.

TRUC

Din restul putem face o crema. Acesta este un aperitiv grozav.

SUB CARTOF

INGREDIENTE

3 cartofi mari

1 kg calmar pur

3 catei de usturoi

1 conserve de mazăre

1 ceapă mare

Ciorba de peste

Patrunjel proaspat

Ulei de masline

sare

ÎN PROCES

Tăiați ceapa, usturoiul și pătrunjelul în bucăți mici. Prăjiți totul într-o tigaie la foc mediu.

Când legumele s-au rumenit, ridicați focul la mare și gătiți la abur calamarul tăiat în bucăți medii timp de 5 minute. Se toarnă peste pește (sau cu apă rece) și se fierbe până când calamarul este fraged. Adaugam sare, apoi adaugam cartofii curatati si mazarea si cachelada.

Reduceți focul și fierbeți până când cartofii sunt gata. Se condimentează cu sare și se servește fierbinte.

TRUC

Este foarte important sa se abureasca calmarul la foc foarte mare, altfel va fi tare si nu foarte suculent.

CRAB PRAJIT CU USSturoi

INGREDIENTE

8 ouă

350 g creveți decojiți

4 catei de usturoi

1 cayenne

Ulei de masline

sare

ÎN PROCES

Tăiați usturoiul în felii și prăjiți ușor cu piper cayenne. Se adauga crevetii, se condimenteaza cu sare si se ia de pe foc. Scurgeți creveții, usturoiul și ardeiul cayenne.

Încinge bine tigaia cu ulei de usturoi. Bateți ouăle și asezonați. Adăugați creveții și usturoiul și amestecați ușor pentru a se acoperi.

TRUC

Pentru a preveni lipirea tortilla de tigaie, încălziți-o bine înainte de a adăuga uleiul.

CARTOFI AURIT CU FĂGARI

INGREDIENTE

1 kg de cartofi

500 g cod nesarat

kit de 1 litru

2 catei de usturoi

1 ardei verde

1 ardei rosu

1 ceapă

patrunjel proaspat tocat

Ulei de masline

sare

ÎN PROCES

Tăiați ceapa, usturoiul și ardeiul în bucăți mici. Se fierb legumele la foc mic timp de 15 minute.

Adăugați cartofii cacheladas (spărțiți, nu tăiați) și prăjiți încă 5 minute.

Se condimentează cu sare afumată și se fierbe până când cartofii sunt aproape gata. Se adauga apoi codul si patrunjelul si se fierbe 5 minute. Se condimentează cu sare și se servește fierbinte.

TRUC

Înainte de afumat, adăugați 1 pahar de vin alb și câțiva ardei cayenne.

PUREE DE CARTOF

INGREDIENTE

400 g de cartofi

100 g de unt

200 ml lapte

1 frunză de dafin

Nucșoară

Sare piper

ÎN PROCES

Fierbeți cartofii spălați și tăiați cu foile de dafin la foc mediu până se înmoaie. Scurgeți cartofii și treceți-i printr-un zdrobitor.

Se fierbe laptele cu untul, nucsoara, sare si piper.

Se toarnă laptele peste cartofi și se bat cu un chibrit. Dacă este necesar, înlocuiți ceea ce lipsește.

TRUC

Se adauga 100 g parmezan ras si se bate cu telul. Rezultatul este delicios.

ORTILA CU MORCILĂ DE OVĂZ

INGREDIENTE

8 ouă

400 g fasole

150 g budincă neagră

1 catel de usturoi

1 ceapă

Ulei de masline

sare

ÎN PROCES

Se fierbe fasolea in apa clocotita cu putina sare pana se inmoaie. Scurgeți și împrospătați cu apă rece și gheață.

Tăiați ceapa și usturoiul în bucăți mici. Se fierbe cu budinca neagră la foc mic timp de 10 minute, având grijă să nu o rupe. Adăugați fasolea și gătiți încă 2 minute.

Bate oul si sarea. Adăugați fasolea și prăjiți-le într-o tigaie încinsă.

TRUC

Pentru un fel de mâncare și mai somptuos, scoateți coaja de pe fasole imediat după ce s-au răcit. Textura sa este mai fină.

L-a copt

INGREDIENTE

8 ouă

100 g de muguri de usturoi

8 felii de pâine prăjită

8 sparanghel sălbatic

2 catei de usturoi

Ulei de masline

Sare piper

ÎN PROCES

Tăiați mugurii de usturoi și sparanghelul decojit în bucăți mici. Tăiați usturoiul felii și prăjiți-l împreună cu mugurii de usturoi și sparanghelul. Sezon.

In timp ce amestecam continuu adaugam oul batut pana se ingroasa putin. Ouăle omletă se servesc pe pâine prăjită

TRUC

Ouăle se pot prepara și într-un bol la băutură, la foc mediu, cu amestecare constantă. Au o textura cremoasa.

CARTOFI LA ABUR CU NUZKALA

INGREDIENTE

6 cartofi mari

500 g de chanterelles

1 lingurita rasa de boia dulce

1 catel de usturoi

1 ceapă

½ ardei verde

½ ardei roşu

boia picant

bulion (doar cât să se acopere)

ÎN PROCES

Tăiați legumele cubulețe mici și prăjiți-le la foc mic timp de 30 de minute. Adăugați cartofii cachelada (tocați, nu tăiați) și prăjiți timp de 5 minute. Adaugam cantarilele curatate, taiate in patru fara tulpini.

Se prajesc 3 minute, apoi se adauga boia de ardei si un praf de chili. Se toarnă peste bulion și se condimentează cu sare (ar trebui să fie puțin moale). Gatiti la foc mic si adaugati sare.

TRUC

Scoateți cartofii fierți cu puțină zeamă, zdrobiți-i și adăugați-i înapoi în tocană pentru a îngroșa sosul.

OMLETTE DE PORC

INGREDIENTE

8 ouă

400 g de hribi puri

150 g de creveți

3 catei de usturoi

2 linguri de ulei de măsline

Sare piper

ÎN PROCES

Tăiați usturoiul în bucăți mici și prăjiți-l într-o tigaie la foc mediu.

Toacă hribii, se încălzește și se pune în tigaie împreună cu usturoiul. Gatiti 3 minute. Adăugați creveții decojiți și condimentați și prăjiți încă 1 minut.

Bateți ouăle și adăugați sarea. Adăugați boletus și creveții. Încinge tigaia cu 2 linguri de ulei și amestecă ambele părți ale tortillei.

TRUC

După ce amestecați toate ingredientele, adăugați o picătură de ulei de trufe fierbinte. bucurie

OU PARȚIAL

INGREDIENTE

8 ouă

125 g parmezan

8 felii de șuncă serrano

8 felii de pâine prăjită

Bechamel (vezi bulion și sosuri)

Oțet

Sare piper

ÎN PROCES

Fierbeți ouăle în multă apă clocotită cu sare și mult oțet. Opriți focul, acoperiți tigaia și așteptați 3 sau 4 minute. Scoateți și împrospătați cu gheață și apă. Se scot cu o lingura si se aseaza pe hartie absorbanta.

Împărțiți șunca serrano în 4 pulpe. Deasupra se pun ouale, se toarna peste el sosul bechamel si se presara deasupra parmezan ras. Coaceți până când brânza devine maro aurie.

TRUC

Se poate face cu bacon afumat si chiar cu sobrasada.

OMILETA DE VARA CU BILLAMAS SI ROSII

INGREDIENTE

8 ouă

2 rosii

1 dovlecel

1 ceapă

Ulei de masline

sare

ÎN PROCES

Tăiați ceapa fâșii subțiri și prăjiți la foc mic timp de 10 minute.

Tăiați dovleceii și roșiile în felii și prăjiți-le într-o tigaie încinsă. Când dovleceii sunt aurii, tăiați dovleceii și roșiile în fâșii subțiri. Se adauga ceapa si se condimenteaza cu sare.

Bateți ouăle și adăugați-le în legume. Asezonați cu sare. Încingeți bine tigaia și împăturiți tortilla în jumătate, atingând întreaga suprafață a tigaii, apoi rulați-o.

TRUC

Încearcă-l cu vinete tăiate cubulețe și sos bechamel.

AJOARRIERO COD

INGREDIENTE

Zdrobiți 400 g de cod fără sare

2 linguri de ardei iute chorizo hidratat

2 linguri de sos de rosii

1 ardei verde

1 ardei rosu

1 catel de usturoi

1 ceapă

1 ardei iute

Ulei de masline

sare

ÎN PROCES

Iulieți legumele și fierbeți la foc mediu-mic până când sunt foarte moi. Pentru sare.

Adăugați o lingură de chili chorizo , sos de roșii și chili. Se adauga codul tocat si se fierbe 2 minute.

TRUC

Umplutura perfectă pentru o empanada delicioasă.

CACA DE SHERRY LA ABUR

INGREDIENTE

750 g de chanterelles

600 ml vin de sherry

1 frunză de dafin

1 catel de usturoi

1 lămâie

2 linguri de ulei de măsline

sare

ÎN PROCES

Clătiți chanterele.

Turnați 2 linguri de ulei într-o tigaie încinsă și prăjiți ușor usturoiul tocat.

Adăugați midiile, vinul, dafinul, lămâia și sarea în același timp. Acoperiți și gătiți până se deschid.

Serviți scoicile cu sosul.

TRUC

Clătirea presupune scufundarea scoicilor în multă apă rece cu sare pentru a îndepărta nisipul și murdăria.

ALL I PEBRE MONDFISH CU CRAB

INGREDIENTE

Pentru supa de peste

15 capete și corpuri de creveți

1 cap de diavol sau pește alb sau 2 cozis

Ketchup

1 ceapa primavara

1 praz

sare

pentru tocană

1 coada mare a diavolului (sau 2 mici)

corpuri de creveți

1 lingura boia dulce

8 catei de usturoi

4 cartofi mari

3 felii de pâine

1 cayenne

migdale nedecojite

Ulei de masline

Sare piper

ÎN PROCES

Pentru supa de peste

Supa de pește se face prin prăjirea creveților și a sosului de roșii. Se adauga oasele sau capul de diavol si legumele prajite. Se toarnă apă peste el și se fierbe 20 de minute, se strecoară și se adaugă sare.

pentru tocană

Prăjiți usturoiul netocat într-o tigaie. Scoateți și rezervați. Prăjiți migdalele în același ulei. Scoateți și rezervați.

Pâinea se prăjește în același ulei. Retragere.

Zdrobiți într-un mojar usturoiul, o mână de migdale întregi nedecojite, feliile de pâine și ardeiul cayenne.

Cand usturoiul s-a rumenit se prajeste boia de ardei in ulei, avand grija sa nu-l arda, apoi se adauga in bulion.

Adaugati cartofii prajiti si gatiti pana se inmoaie. Adăugați scoicile asezonate și gătiți timp de 3 minute. Adăugați carnea și creveții și gătiți încă 2 minute până se îngroașă sosul. Se condimentează cu sare și se servește fierbinte.

TRUC

Folosiți suficient fum pentru a acoperi cartofii. Cel mai obișnuit pește pentru această rețetă este anghila, dar poate fi preparat orice pește cu carne, cum ar fi câinele sau congri.

PROIECTARE GRILĂ

INGREDIENTE

1 dorada curățată, eviscerată și descuiată

25 g pesmet

2 catei de usturoi

1 ardei iute

Oțet

Ulei de masline

sare

ÎN PROCES

Sare de dorada si ulei in interior si in exterior. Se presară cu pesmet și se coace la 180 de grade timp de 25 de minute.

Prăjiți usturoiul filet și ardeiul iute la foc mediu. Luați un strop de oțet de pe foc și ungeți dorada cu acest sos.

TRUC

Sculptura înseamnă a face tăieturi pe lățimea peștelui pentru a-l găti mai repede.

Scoici marine

INGREDIENTE

1 kg midii

1 pahar mic de vin alb

1 lingura de faina

2 catei de usturoi

1 roșie mică

1 ceapă

½ ardei iute

colorant alimentar sau șofran (opțional)

Ulei de masline

sare

ÎN PROCES

Înmuiați scoicile în apă rece cu multă sare timp de câteva ore pentru a îndepărta orice murdărie rămasă.

După curățare, fierbeți midiile în vin și ¼ l de apă. După deschidere, îndepărtați și depozitați lichidul.

Tăiați ceapa, usturoiul și roșia în bucăți mici și prăjiți-le în puțin ulei. Adăugați chili și gătiți până când totul este foarte moale.

Adăugați o lingură de făină și gătiți încă 2 minute. Spala-le cu apa de gatit pentru scoici. Se fierbe 10 minute, apoi se adaugă sare. Adăugați scoici și gătiți încă un minut. Acum adăugați colorant alimentar sau șofran.

TRUC

Vinul alb poate fi înlocuit cu vin dulce. Sosul este foarte bun.

CAPITAL cu PIB

INGREDIENTE

4 sau 5 file de cod fara sare

4 catei de usturoi

1 ardei iute

½ litru de ulei de măsline

ÎN PROCES

Căleți usturoiul și chiliul în ulei de măsline la foc mic. Scoateți-le și lăsați uleiul să se răcească ușor.

Adăugați fileul de cod, cu pielea în sus și gătiți la foc mic timp de 1 minut. Întoarceți și lăsați încă 3 minute. Este important să gătiți în ulei, nu să prăjiți.

Scoateți codul, turnați treptat uleiul până rămâne doar substanța albă (gelatina) eliberată de cod.

Se ia de pe foc si se amesteca cu cateva betisoare sau filtre cu miscari circulare, amestecand treptat uleiul decantat. Frământați timp de 10 minute fără a opri amestecarea.

Când este gata, puneți codul înapoi și amestecați încă un minut.

TRUC

Pentru un alt gust, adaugă un os de șuncă sau niște ierburi în locul în care se prăjește codul.

FÂNTÂNA TRANSFORMATA DIN BERE

INGREDIENTE

Anșoa pură fără spini

1 cutie de bere foarte rece

Făină

Ulei de masline

sare

ÎN PROCES

Pune berea într-un castron și amestecă făina încontinuu până când obții o consistență groasă care doar picură pe măsură ce hamșa se înmoaie.

La final, se prăjește în mult ulei și sare.

TRUC

Se poate folosi orice tip de bere. Merge grozav cu negru.

CERNEALĂ ÎN CERNEALĂ

INGREDIENTE

1 kg și jumătate de calmar

1 pahar de vin alb

3 linguri de sos de rosii

4 pungi de cerneală de calmar

2 cepe

1 ardei rosu

1 ardei verde

1 frunză de dafin

Ulei de masline

Sare piper

ÎN PROCES

Prăjiți ceapa și ardeiul gras tocate la foc mic. Când sunt fierte, adăugați calmarul curățat și tocat. Ridicați căldura și asezonați.

Stropiți cu vin alb și lăsați să se răcească. Adăugați sosul de roșii, un plic de cerneală de calmar și o frunză de dafin. Acoperiți și gătiți la foc mic până când calmarul este fraged.

TRUC

Se poate servi cu o pastă bună sau chiar cu cartofi prăjiți.

COD CLUB RANERO

INGREDIENTE

Cod PIB-PIB

10 roșii cherry coapte

4 ardei chorizo

2 ardei verzi

2 ardei rosii

2 cepe

Zahăr

sare

ÎN PROCES

Gatiti rosiile si ardeii pana se inmoaie la 180 de grade.

Cand ardeii sunt prajiti, acopera-i timp de 30 de minute, scoatem pielea si taiati-i fasii.

Curata rosiile si taie-le in bucatele mici. Puneți-le la abur cu ceapă tăiată subțire și pastă de ardei chorizo (înmuiate în apă fierbinte timp de 30 de minute mai întâi).

Adăugați ardeii tăiați felii și gătiți timp de 5 minute. Se condimentează cu sare și zahăr.

Se incinge pastila cu cod si boia.

TRUC

Puteti face si chili cu ardei, sau il puteti folosi ca baza, cod deasupra, sos cu chili. Acest lucru se poate face și cu un ratatouille bun.

TALPA CU PORTOCALA

INGREDIENTE

4 talpi

110 g de unt

110 ml bulion

1 lingura patrunjel proaspat tocat

1 lingurita boia

2 portocale mari

1 lămâie mică

Făină

Sare piper

ÎN PROCES

Topiți untul într-o tigaie. Făină și asezonează talpa. Prăjim ambele părți? Adăugați boia de ardei, suc de portocale și lămâie și carnea afumată.

Gatiti 2 minute la foc mediu, pana cand sosul se ingroasa putin. Se orneaza cu patrunjel si se serveste imediat.

TRUC

Dacă doriți să extrageți mai mult suc din citrice, încălziți-l în cuptorul cu microunde timp de 10 secunde la putere maximă.

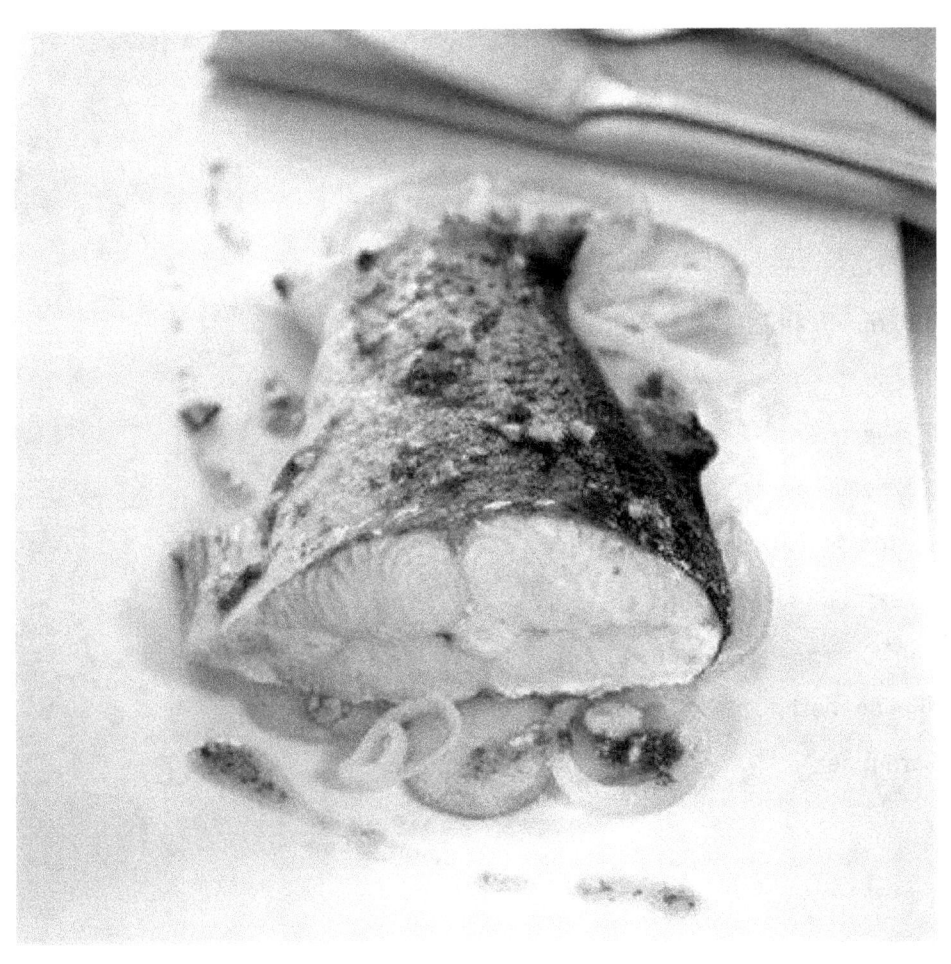

MERLULU RIOJANA

INGREDIENTE

4 file de merluciu

100 ml vin alb

2 rosii

1 ardei rosu

1 ardei verde

1 catel de usturoi

1 ceapă

Zahăr

Ulei de masline

Sare piper

ÎN PROCES

Tăiați ceapa, ardeiul și usturoiul în bucăți mici. Prăjiți totul într-o tigaie la foc mediu timp de 20 de minute. Ridicați focul, turnați vinul și lăsați-l să se usuce.

Adăugați roșiile rase și gătiți până dispare toată apa. Adăugați sare, piper și zahăr dacă este acru.

Coastele la gratar pana devin aurii la exterior si suculente la interior. Adăugați la legume.

TRUC

Sărați merluciul cu 15 minute înainte de gătit pentru a distribui sarea mai uniform.

Tocană de castraveți cu sos de căpșuni

INGREDIENTE

4 file de cod fara sare

400 g zahăr din trestie

200 g de căpșuni

2 catei de usturoi

1 portocală

Făină

Ulei de masline

ÎN PROCES

Se amestecă căpșunile cu sucul de portocale și zahărul. Se fierbe 10 minute și se amestecă.

Tăiați usturoiul în bucăți mici și prăjiți în puțin ulei. Scoateți și rezervați. Prăjiți codul în același ulei cu făina.

Serviți codul cu sos într-un bol separat și puneți deasupra usturoiul.

TRUC

Dulceata de portocale amare poate fi inlocuita cu capsuni. Deci ar trebui folosite doar 100 g de zahăr brun.

păstrăv de mare

INGREDIENTE

4 păstrăvi

½ litru de vin alb

¼ litru de oțet

1 ceapă mică

1 morcov mare

2 catei de usturoi

4 cuișoare

2 foi de dafin

1 crenguță de cimbru

Făină

¼ litru de ulei de măsline

sare

ÎN PROCES

Pastrav sarat si faina. Se prajesc in ulei 2 minute pe fiecare parte (ar trebui sa fie cruda pe interior). Scoateți și rezervați.

Gatiti legumele prajite in aceeasi grasime timp de 10 minute.

Baie cu otet si vin. Se condimentează cu un praf de sare, ierburi aromatice și condimente. Gatiti la foc mic inca 10 minute.

Adăugați păstrăvul, acoperiți și gătiți încă 5 minute. Luați de pe foc și serviți după răcire.

TRUC

Această rețetă este consumată cel mai bine seara. Va fi chiar mai gustos decât restul. Folosiți resturile pentru a face o salată delicioasă de păstrăv cu oțet.

Cusut in stil BILBAINE

INGREDIENTE

1 dorada de 2 kg

½ litru de vin alb

2 linguri de otet

6 catei de usturoi

1 ardei iute

2 dl ulei de masline

sare

ÎN PROCES

Dorada se taie bucăți, se adaugă sare, se stropește cu ulei și se coace la 200°C timp de 20-25 de minute. Scăldat cu vin încetul cu încetul.

Între timp, prăjiți usturoiul feliat cu ardeiul iute în 2 dl de ulei. Se umezește cu oțet și se toarnă peste dorada.

TRUC

Sculptura înseamnă a face incizii în pește pentru a facilita gătitul.

SCAMPI

INGREDIENTE

250 g de creveți

3 catei de usturoi, filetati

1 lămâie

1 ardei iute

10 linguri de ulei de măsline

sare

ÎN PROCES

Puneți creveții decojiți într-un castron, adăugați sare și multă zeamă de lămâie. Scoateți-l.

Prăjiți usturoiul filet și ardeiul iute într-o tigaie. Adăugați creveții și prăjiți timp de 1 minut înainte de a-și schimba culoarea.

TRUC

Pentru un plus de aromă, înmuiați creveții în sare și lămâie timp de 15 minute înainte de gătire.

CONDENSATOR

INGREDIENTE

100 g cod fara sare in pesmet

100 g ceapa primavara

1 lingura patrunjel proaspat

1 sticla de bere rece

Colorare

Făină

Ulei de masline

Sare piper

ÎN PROCES

Intr-un bol se pune codul tocat marunt, ceapa primavara si patrunjelul, berea, putin colorant alimentar, sare si piper.

Amestecați și adăugați o lingură de făină, amestecând continuu, până obțineți un aluat ușor gros (nu lichid) asemănător terciului. Se lasa la racit 20 de minute.

Se prăjește în ulei din belșug, se toarnă pe o lingură de aluat. Cand sunt aurii, le scurgem si le asezam pe hartie absorbanta.

TRUC

Dacă nu ai bere, poți folosi și sifon.

DURADO COD

INGREDIENTE

400 g cod nesărat și zdrobit

6 ouă

4 cartofi medii

1 ceapă

Patrunjel proaspat

Ulei de masline

sare

ÎN PROCES

Curățați cartofii și tăiați-i fâșii. Spălați-le cu grijă până când apa devine limpede, apoi prăjiți-le în ulei clocotit din belșug. Asezonați cu sare.

Prăjiți ceapa micșorată. Ridicați focul, adăugați codul tocat și gătiți până dispare.

Bateți ouăle într-un castron separat, adăugați codul, cartofii și ceapa. Puțin înghețat în tigaie. Se condimenteaza cu sare si se adauga patrunjel proaspat tocat.

TRUC

Ar trebui să fie ușor coagulat pentru a fi suculent. Cartofii nu se sareaza pana la final pentru a nu-si pierde crocante.

CANCER BASC

INGREDIENTE

1 paianjen

500 g de roșii

75 g șuncă serrano

50 g pesmet proaspăt (sau pesmet)

25 g de unt

1 pahar și jumătate de coniac

1 lingura patrunjel

1/8 ceapă

½ cățel de usturoi

Sare piper

ÎN PROCES

Fierbeți crabul păianjen (1 minut la 100 de grame) în 2 litri de apă și 140 g de sare. Se răcește și se scoate carnea.

Prăjiți ceapa și usturoiul tocate împreună cu șunca tăiată fâșii julienne fine. Adaugati rosiile ras si patrunjelul tocat si gatiti pana se usuca pulpa.

Se adaugă pulpa de crab-păianjen, se acoperă cu țuică și se flambează. Adăugați jumătate din firimiturile de pe foc și umpleți crabul păianjen.

Se presară cu firimiturile rămase și se întinde untul tăiat bucăți. Coaceți la cuptor până se rumenesc.

TRUC

Se poate face și cu chorizo iberic bun și umplut cu brânză afumată.

Oţet

INGREDIENTE

12 hamsii

300 cl otet de vin

1 catel de usturoi

Pătrunjel tocat

ulei de măsline extra virgin

1 lingurita de sare

ÎN PROCES

Se pun hamsiile curatate pe o farfurie plana cu otetul diluat cu apa si sare. Se da la frigider pentru 5 ore.

Intre timp prajim in ulei usturoiul si patrunjelul tocate marunt.

Scoateți anșoa din oțet și ungeți cu ulei și usturoi. Se pune din nou la frigider pentru încă 2 ore.

TRUC

Spălați hamsiile de mai multe ori până când apa curge limpede.

SEMNUL ACULUI

INGREDIENTE

¾ kg de cod fără sare

1 dl lapte

2 catei de usturoi

3 dl ulei de masline

sare

ÎN PROCES

Încinge uleiul cu usturoiul într-o tigaie mică la foc mediu timp de 5 minute. Se adauga codul si se mai caleste la foc foarte mic inca 5 minute.

Încinge laptele și pune-l într-un pahar de smoothie. Adăugați codul fără piele și usturoiul. Se bate pana se obtine un aluat fin.

Adăugați uleiul fără a întrerupe procesarea până obțineți un amestec omogen. Se condimenteaza cu sare si se gratina la cuptor la putere maxima.

TRUC

Îl poți mânca pe pâine prăjită și îl poți întinde cu puțin aioli.

PULBER ÎN ADOBO (BIENMESABE)

INGREDIENTE

Câine de 500 de grame

1 pahar de otet

1 lingura rasa de seminte de chimion macinate

1 lingura rasa de ardei dulce

1 lingura rasa de oregano

4 foi de dafin

5 catei de usturoi

Făină

Ulei de masline

sare

ÎN PROCES

Puneți câinele tăiat cubulețe într-un vas adânc și curățați-l.

Adăugați o mână de sare și câte o linguriță de boia de ardei, chimen și oregano.

Zdrobiți usturoiul cu pielea și adăugați-l în recipient. Rupeți frunzele de dafin și adăugați-le și ele. La sfarsit, adauga un pahar de otet si inca un pahar de apa. Lasă-l să se odihnească peste noapte.

Bucățile de câine sunt uscate, răcite și prăjite.

TRUC

Dacă chimenul este proaspăt măcinat, adăugați doar ¼ linguriță. Acest lucru se poate face și cu alți pești, cum ar fi monkfish sau mokfish.

CITRICE ȘI TON SIGILATE

INGREDIENTE

800 g ton (sau bonito proaspăt)

70 ml de oțet

140 ml vin

1 morcov

1 praz

1 catel de usturoi

1 portocală

½ lămâie

1 frunză de dafin

70 ml ulei

Sare piper

ÎN PROCES

Tăiați morcovul, prazul și usturoiul în felii și prăjiți-le în puțin ulei. Când legumele sunt moi, stropiți-le cu oțet și vin.

Adăugați foaia de dafin și piperul. Adăugați sare și gătiți încă 10 minute. Adăugați coaja și sucul citricelor și 4 felii de ton. Gatiti inca 2 minute, apoi acoperiti si lasati sa se odihneasca.

TRUC

Urmați aceiași pași pentru a face o marinată de pui delicioasă. Pur și simplu rumeniți puiul înainte de a adăuga marinada și de a găti încă 15 minute.

RÂU DE PLOAIE DE CRAB

INGREDIENTE

500 g de creveți

100 g de făină

½ dl bere rece

Colorare

Ulei de masline

sare

ÎN PROCES

Curățați creveții fără a îndepărta coada.

Amesteca intr-un castron faina, putin colorant alimentar si sare. Se amestecă puțin, fără a întrerupe gătirea.

Prindeți creveții de coadă, scufundați-i în aluatul anterior și prăjiți-i în ulei din belșug. Cand sunt aurii, le scoatem din cuptor si le asezam pe hartie absorbanta.

TRUC

Puteți adăuga 1 linguriță de curry sau boia de ardei în făină.

TON CU BUSUOCOC

INGREDIENTE

125 g conserve de ton în ulei

½ litru de lapte

4 ouă

1 felie de pâine feliată

1 lingura parmezan ras

4 frunze de busuioc proaspăt

Făină

Ulei de masline

Sare piper

ÎN PROCES

Se amestecă tonul cu laptele, ouăle, feliile de pâine, parmezanul și busuioc. Adăugați sare și piper.

Masa se toarnă separat în forme unse în prealabil cu unt și făinate și se coace într-un cuptor la 170 de grade timp de 30 de minute.

TRUC

Puteți face această rețetă și cu midii sau sardine la conserva.

ZI LA MENIER

INGREDIENTE

6 talpi

250 g de unt

50 g suc de lamaie

2 linguri de patrunjel tocat marunt

Făină

Sare piper

ÎN PROCES

Talpa, curatata de cap si piele, se asezoneaza si se infaina. Prăjiți ambele părți în unt topit la foc mediu, având grijă să nu ardă făina.

Scoatem pestele si adaugam in tigaie sucul de lamaie si patrunjelul. Gatiti 3 minute fara a opri amestecarea. Serviți peștele cu sosul pe o farfurie.

TRUC

Adăugați capere pentru a aroma rețeta.

SOMON MARO CU CAVA

INGREDIENTE

2 fileuri de somon

½ litru de șampanie

100 ml crema

1 morcov

1 praz

Ulei de masline

Sare piper

ÎN PROCES

Se condimentează și se prăjește somonul pe ambele părți. Rezervă.

Tăiați morcovul și prazul în fâșii lungi și subțiri. Prăjiți legumele timp de 2 minute în același ulei ca și somonul. Se umezește cu cava și se lasă să reducă la jumătate.

Se adauga smantana, se fierbe 5 minute, apoi se adauga somonul. Gatiti inca 3 minute, apoi adaugati sare si piper.

TRUC

Puteți găti somonul la abur timp de 12 minute și îl puteți adăuga în acest sos.

PIQUILTOS DE BIS DE MARE IN STIL BILBAÍN

INGREDIENTE

4 biban de mare

1 lingura de otet

4 catei de usturoi

Ardei Piquillo

125 ml ulei de măsline

Sare piper

ÎN PROCES

Scoateți muschiul de pe biban. Se condimentează cu sare și piper și se prăjește într-o tigaie la foc mare până când blatul devine maro auriu și interiorul este suculent. Scoate-l și rezervă-l.

Tăiați usturoiul și prăjiți-l în același ulei ca și peștele. Umeziți-l cu oțet.

Prăjiți ardeii în aceeași tigaie.

Serviți fileul de biban cu sosul și adăugați boia de ardei.

TRUC

Sosul Bilbao se poate face din timp; așa că doar reîncălziți și serviți.

KARBALTOK ÎN VINIGRETĂ

INGREDIENTE

1 kg midii

1 pahar mic de vin alb

2 linguri de otet

1 ardei verde mic

1 roșie mare

1 ceapa primavara mica

1 frunză de dafin

6 linguri de ulei de măsline

sare

ÎN PROCES

Curățați bine cojile cu un nou agent de curățare.

Pune midiile intr-un castron cu vinul si foile de dafin. Acoperiți și gătiți la foc mare până se deschid. Rezervați și aruncați o coajă.

Pregătiți vinegreta tăind roșiile, ceapa și ardeiul. Se condimentează cu oțet, ulei și sare. Se amestecă și se toarnă peste coajă.

TRUC

Lăsăm să stea peste noapte pentru ca aromele să se dezvolte.

MARMITACO

INGREDIENTE

300 g ton (sau bonito)

1 litru de suc de peste

1 lingura ardei chorizo

3 cartofi mari

1 ardei rosu mare

1 ardei verde mare

1 ceapă

Ulei de masline

Sare piper

ÎN PROCES

Prăjiți ceapa și ardeiul tăiate cubulețe. Se adauga o lingura de ardei chorizo si cartofii curatati si feliati. Se amestecă timp de 5 minute.

Peste ea se toarnă supa de pește, iar când începe să fiarbă, se adaugă sare și piper. Gatiti la foc mic pana cartofii devin maro auriu.

Opriți focul, apoi adăugați tonul tăiat cubulețe și condimentat. Se lasa sa se odihneasca 10 minute inainte de servire.

TRUC

Tonul poate fi înlocuit cu somon. Rezultatul este surprinzător.

BALE DE SARE

INGREDIENTE

1 biban de mare

600 g sare grunjoasă

ÎN PROCES

Peștele este gătit și curățat. Pe farfurie se pune un strat de sare, deasupra se aseaza bibanul si se acopera cu restul de sare.

Coacem la 220 de grade până când sarea se întărește și se destramă. Acest lucru este de aproximativ 7 minute pentru fiecare 100 de grame de pește.

TRUC

Peștele nu trebuie gătit în sare până când nu are solzi, deoarece solzii protejează carnea de temperaturile ridicate. Puteți condimenta sarea cu ierburi sau adăugați albușuri.

CONFORT Aburit

INGREDIENTE

1 kg midii

1 dl vin alb

1 frunză de dafin

ÎN PROCES

Curățați bine cojile cu un nou agent de curățare.

Pune scoicile, vinul și foile de dafin în tigaia încinsă. Acoperiți și gătiți la foc mare până se deschid. Aruncă-l nedeschis.

TRUC

Acesta este un fel de mâncare foarte popular în Belgia, însoțit de cartofi prăjiți buni.

RĂU ÎN GALICIA

INGREDIENTE

4 felii de merluciu

600 g de cartofi

1 lingurita boia

3 catei de usturoi

1 ceapă medie

1 frunză de dafin

6 linguri de ulei de măsline extravirgin

Sare piper

ÎN PROCES

Încinge apă într-o tigaie; se adauga cartofii taiati felii, ceapa, sarea si frunza de dafin. Se fierbe la foc mic timp de 15 minute până când totul devine moale.

Adăugați feliile de merluciu asezonate și gătiți încă 3 minute. Scurgeți cartofii și merluciul și puneți totul într-o oală de teracotă.

Prăjiți usturoiul feliat sau tocat într-o tigaie; cand sunt aurii, ia-le de pe foc. Se adauga boia de ardei, se amesteca si se toarna sosul peste peste. Serviți rapid cu puțină apă de gătit.

TRUC

Este important să existe suficientă apă pentru a acoperi feliile de pește și cartofii.

PRIMI UN MINGE DE BASCHET

INGREDIENTE

1 kg merluciu

100 g de mazăre fiartă

100 g ceapă

100 g midii

100 g de creveți

1 dl suc de peste

2 linguri patrunjel

2 catei de usturoi

8 sulițe de sparanghel

2 oua fierte tari

Făină

Sare piper

ÎN PROCES

Tăiați merlucul în felii sau fileuri. Asezonați și făină.

Prăjiți ceapa și usturoiul tocate până se înmoaie într-o tigaie. Ridicați focul, adăugați peștele și rumeniți ușor ambele părți.

Umeziți afumătorul și gătiți timp de 4 minute în timp ce amestecați oala continuu pentru a îngroșa sosul. Adăugați creveții decojiți, sparanghelul, midiile curățate, mazărea și ouăle tăiate în sferturi. Gatiti inca 1 minut si presarati patrunjel tocat.

TRUC

Sărați merluciul cu 20 de minute înainte de gătire pentru a distribui sarea mai uniform.

CUITITE CU USTUROI SI LAMAIE

INGREDIENTE

2 duzini de cutite

2 catei de usturoi

2 crengute de patrunjel

1 lămâie

ulei de măsline extra virgin

sare

ÎN PROCES

Puneți briciul într-un vas cu apă rece și sărați-le cu o seară înainte pentru a le curăța de orice reziduuri de nisip.

Se scurg, se pun intr-o tigaie, se acopera si se fierb la foc mediu pana se deschid.

Intre timp tocam usturoiul si patrunjelul si amestecam cu zeama de lamaie si uleiul de masline. Înmuiați briciul în acest sos.

TRUC

Sunt delicioase cu sos olandez sau béarnaise (paginile 532-517).

PRIN BUDINDĂ

INGREDIENTE

500 g pește scorpion fără cap

125 ml sos de rosii

¼ l smantana

6 ouă

1 morcov

1 praz

1 ceapă

Firimituri de pâine

Ulei de masline

Sare piper

ÎN PROCES

Se fierbe pestele scorpion cu legumele curatate si tocate timp de 8 minute. Pentru sare.

Se sfărâmă pulpa de sebastă (fără piele și oase). Se pune intr-un bol cu ouale, smantana si sosul de rosii. Se amestecă și se condimentează cu sare și piper.

Se unge forma si se presara cu pesmet. Se umple cu aluatul anterior si se coace la 175 de grade timp de 50 de minute sau pana cand o frigaruie introdusa iese curata. Se servește rece sau caldă.

TRUC

Puteți înlocui peștele scorpion cu orice alt pește

MONDFISH CU CREMA MOASA DE USSturoi

INGREDIENTE

4 cozi mici de diavol

50 g masline negre

400 ml de smântână

12 catei de usturoi

Sare piper

ÎN PROCES

Fierbeți usturoiul în apă rece. Când încep să fiarbă, scoateți-le și acoperiți-le cu apă. Repetați aceeași acțiune de 3 ori.

Se fierbe apoi cu coaja de usturoi la foc mic timp de 30 de minute.

Uscați măslinele fără sâmburi într-un cuptor cu microunde. Întoarceți-le într-un mojar și pistil până obțineți pudră de măsline.

Se condimentează și se gătește mocheta la foc mare până devine suculen la exterior și auriu pe interior.

Condimentează sosul. Pestele de diavol se serveste pe o parte cu sosul si pudra de masline.

TRUC

Gustul acestui sos este neted și delicios. Dacă curge foarte mult, mai gătiți câteva minute. Dacă este foarte groasă, adăugați puțină smântână lichidă fierbinte și amestecați.

MERLULU ÎN CIDRU CU COMPOT DE MENTA

INGREDIENTE

4 piese pentru nas

1 sticla de cidru

4 linguri de zahar

8 frunze de mentă

4 mere

1 lămâie

Făină

Ulei de masline

Sare piper

ÎN PROCES

Se condimenteaza merluciucul si faina si se prajesc in putin ulei incins. Scoate-l și pune-l pe o tavă de copt.

Curata marul, tai-l felii subtiri, apoi pune-l in tava de copt. Se scufundă în cidru și se coace 15 minute la 165 de grade.

Curățați merele de coajă și îndepărtați sosul. Se amestecă cu zahăr și frunze de mentă.

Serviți peștele cu compot.

TRUC

O altă versiune a aceleiași rețete. Făină și prăjește merlucul, apoi pune-l într-o tigaie cu merele și cidrul. Gatiti la foc mic timp de 6 minute. Scoateți merluciul și aduceți sosul la fiert. Se amestecă apoi cu menta și zahărul.

Somon marinat

INGREDIENTE

1 kg file de somon

500 g de zahăr

4 linguri de marar tocat

500 g sare grunjoasă

Ulei de masline

ÎN PROCES

Amesteca sarea, zaharul si mararul intr-un castron. Pune jumătate pe fundul tigaii. Adăugați somonul și acoperiți cu cealaltă jumătate de amestec.

Se da la frigider pentru 12 ore. Scoateți și clătiți cu apă rece. File și ungeți cu ulei.

TRUC

Poti asezona sarea cu ierburi sau condimente (ghimbir, cuisoare, curry etc.).

BRÂNZĂ DE PISTANO

INGREDIENTE

4 păstrăvi

75 g de brânză albastră

75 g de unt

40 cl smantana lichida

1 pahar mic de vin alb

Făină

Ulei de masline

Sare piper

ÎN PROCES

Se încălzește untul într-o tigaie cu un strop de ulei. Prăjiți păstrăvul sărat în făină timp de 5 minute pe ambele părți. Rezervă.

Se toarnă vinul și brânza în grăsimea rămasă de la prăjit. Gatiti pana cand vinul aproape dispare si branza este complet topita.

Se adauga smantana si se fierbe pana se ajunge la consistenta dorita. Adăugați sare și piper. Pastrav in sos.

TRUC

Faceți o baie de brânză albastră dulce-acrișoară, înlocuind coaja cu suc proaspăt de portocale.

TATAKI DE TON Aburit cu Soia

INGREDIENTE

1 file de ton (sau somon)

1 pahar de soia

1 pahar de otet

2 linguri pline de zahar

Coaja de 1 portocală mică

Usturoi

susan prajit

Ghimbir

ÎN PROCES

Curățați bine tonul și tăiați-l în felii. Se prăjește ușor pe toate părțile într-o tigaie foarte fierbinte și se răcește imediat în apă cu gheață pentru a termina gătitul.

Amestecă într-un castron soia, oțetul, zahărul, coaja de portocală, ghimbirul și usturoiul. Adăugați peștele și marinați cel puțin 3 ore.

Se presara cu seminte de susan, se taie felii si se serveste.

TRUC

Pentru a evita anisaki, aceasta reteta trebuie facuta din timp cu peste congelat.

IATĂ TORTUL

INGREDIENTE

1 kg merluciu

1 litru de smântână

1 ceapă mare

1 pahar de grappa

8 ouă

Roșii coapte

Ulei de masline

Sare piper

ÎN PROCES

Tăiați ceapa fâșii julienne și prăjiți într-o tigaie. Când se înmoaie, adăugați merluciu. Gătiți până când este fiert și sfărâmicios.

Apoi măriți focul și adăugați țuică. Se lasa sa se raceasca si se adauga cateva rosii cherry.

Se ia de pe foc si se adauga ouale si smantana. Tăiați totul. Asezonați și modelați după gust. Coacem la 350 de grade cel putin 1 ora sau pana cand o scobitoare introdusa iese curata.

TRUC

Se serveste cu sos roz sau tartar. Se poate face cu orice pește alb dezosat.

ARDEI Umplut PE BUCĂ

INGREDIENTE

250 g cod nesarat

100 g de creveți

2 linguri de roșii prăjite

2 linguri de unt

2 linguri de faina

1 conserve de ardei piquillo

2 catei de usturoi

1 ceapă

Marca

Ulei de masline

Sare piper

ÎN PROCES

Se toarnă apa peste cod și se fierbe timp de 5 minute. Scoateți și lăsați deoparte apa de gătit.

Prăjiți ceapa tocată și cățeii de usturoi. Curățați creveții și adăugați cojile în tigaia cu ceapă. Coaceți bine. Ridicați focul la mare și adăugați un strop de coniac și roșii prăjite. Se spală codul cu apă clocotită și se fierbe timp de 25 de minute. Se amestecă și se filtrează.

Prăjiți creveții tăiați și lăsați deoparte.

Se fierbe faina in unt aproximativ 5 minute, se adauga bulionul strecurat si se mai fierbe inca 10 minute, amestecand.

Adăugați codul tocat și creveții aburiți. Se condimenteaza cu sare si piper si se lasa sa se raceasca.

Umpleți ardeii cu amestecul anterior și serviți.

TRUC

Sosul perfect pentru acesti ardei este Biscay (vezi Cioroane si sosuri).

PISTE

INGREDIENTE

1 kg calmar întreg

150 g faina de grau

50 g făină de năut

Ulei de masline

sare

ÎN PROCES

Curățați bine calmarul, îndepărtați carcasa exterioară și curățați bine interiorul. Tăiați-le în fâșii subțiri pe lungime, nu pe lățime. Pentru sare.

Se amestecă făina de grâu și făina de năut, apoi calmarul cu amestecul de făină.

Se incinge bine uleiul si se prajesc rondelele de sepie putin cate putin pana devin aurii. Serviți imediat.

TRUC

Calamarul se sare cu 15 minute inainte si se prajeste in ulei foarte incins.

SOLDAȚI DIN PAVIA

INGREDIENTE

500 g cod nesarat

1 lingura de oregano

1 lingura de seminte de chimen macinate

1 lingura colorant alimentar

1 lingura boia

1 pahar de otet

2 catei de usturoi

1 frunză de dafin

Făină

ulei incins

sare

ÎN PROCES

Se amestecă oregano, chimen, boia de ardei, usturoiul zdrobit, oțetul și încă un pahar de apă într-un bol, apoi se condimentează cu un praf de sare. Codul taiat fasii se marina fara sare 24 de ore.

Amestecați colorantul alimentar și făina. Se dau fâșiile de cod, se scurg și se prăjesc în ulei încins din belșug.

TRUC

Serviți imediat, astfel încât interiorul să fie suculent și exteriorul crocant.

RACHEL

INGREDIENTE

125 g de creveți cruzi

75 g faina de grau

50 g făină de năut

5 fire de șofran (sau colorant)

¼ ceapă primăvară

Patrunjel proaspat

ulei de măsline extra virgin

sare

ÎN PROCES

Înveliți șofranul în folie de aluminiu și prăjiți la cuptor pentru câteva secunde.

Amestecam intr-un bol faina, sarea, praful de sofran, salota tocata, patrunjelul tocat, 125 ml apa foarte rece si crevetii.

Prăjiți aluatul întins în ulei din belșug. Se lasa pana devin maro auriu.

TRUC

Amestecați amestecul cu o lingură până obțineți o consistență asemănătoare iaurtului.

PĂSTRĂVUL NAVARA

INGREDIENTE

4 păstrăvi

8 felii de șuncă serrano

Făină

Ulei de masline

sare

ÎN PROCES

Adăugați 2 felii de șuncă serrano la fiecare păstrăv curățat și eviscerat. Se condimentează cu făină și sare.

Se prajesc in ulei din belsug si se indeparteaza excesul de grasime pe hartie absorbanta.

TRUC

Temperatura uleiului trebuie să fie moderat de ridicată, astfel încât să nu ardă doar pe exterior și căldura să nu ajungă în centrul peștelui.

SOMON CU AVOCAD ÎN GALEȚĂ

INGREDIENTE

500 g de somon fara oase si piele

6 capere

4 roșii

3 castraveți murați

2 avocado

1 ceapa primavara

Suc de 2 lămâi

Tabasco

Ulei de masline

sare

ÎN PROCES

Curatam rosiile si curatam cu miezul. Scurgeți avocado. Tăiați toate ingredientele cât mai fin și amestecați-le într-un bol.

Se condimentează cu suc de lămâie, câteva picături de Tabasco, ulei de măsline și sare.

TRUC

Acesta poate fi făcut cu somon afumat sau pește similar, cum ar fi păstrăvul.

GALICIA Scoici

INGREDIENTE

8 scoici

125 g ceapă

125 g șuncă serrano

80 g pesmet

1 lingura patrunjel proaspat

½ lingurita boia dulce

1 ou fiert tare, tocat

ÎN PROCES

Tăiați ceapa în bucăți mici și fierbeți la foc mic timp de 10 minute. Se adauga sunca taiata cubulete si se prajeste inca 2 minute. Adăugați boia și fierbeți încă 10 secunde. Scoateți-l și lăsați-l să se răcească.

Cand s-a racit punem intr-un bol si adaugam pesmetul, patrunjelul tocat si oul. Se amestecă.

Umpleți scoicile cu amestecul anterior, puneți-le pe o tavă și coaceți-le la 170 de grade timp de 15 minute.

TRUC

Pentru a economisi timp, pregătiți-le și gătiți-le în ziua în care aveți nevoie de ele. Se poate face cu scoici și chiar cu stridii.

www.ingramcontent.com/pod-product-compliance
Lightning Source LLC
Chambersburg PA
CBHW050200130526
44591CB00034B/1494